매일 더 행복해지는 미니멀 라이프

매일 더 행복해지는 미니멀 라이프

최의정 지음

매일경제신문사

프롤로그

필자는 서울 약수동에서 태어나 25년을 그곳에서 자랐다. 이후 독립생활을 하다가 다시 부모님과 함께 살면서 좁은 집에 짐이 많다는 생각을 하고 비움을 시작했다. 비움으로 시작된 행운은 바로 지금까지 다니고 있는 회사도 한몫했다. 그 회사에서 12년간을 일하고 제주로 이주했다. 필연처럼 다시 7년 만에 같은 회사로 입사한 것 또한 미니멀 라이프가 가져다준 행운이었다. 정리하기와 청소는 행운을 불러온다고 믿고 있으며, 20년간 실천을 통해 직접 경험하며 느낀 것을 책을 통해 이야기하고 싶었다.

이 책은 미니멀 라이프를 꿈꾸는 사람들에게 왜 미니멀 라이프를 해야 하는지를 일깨워주기 위해 쓰게 되었다. 우리는 삶의 난관에 부딪히는 일들을 수없이 마주하며 살게 된다. 그럴 때마다 해답을 찾기 위해 안간힘을 다하지만 어렵기만 하다. 정리를 통해 어려움을 이겨낼 수 있는 특별한 힘을 깨닫게 된다면, 삶의 평온과 안정을 쉽게 되찾을 수 있을 것이다. 내 주변에 물건들이 많다는 것은 인생의 짐이 많다는 것임을 알게 될 것이다.

홀가분한 인생을 살기 위해서는 덜어내고 비우는 삶을 배워야 한다. 비울수록 걱정이 사라지고 하고 싶은 일을 찾게 된다. 자신만의 시간을 찾을 수 있다는 것은 행운이다. 남에게 시간을 다 내어주느라 삶이 바쁜 인생에서 이제는 좀 벗어나보자. 나를 위한 시간을 찾고, 나의 소중함을 깨달을 때 비로소 행복이 찾아온다. 비움은 행복을 주는 에너지 흐름의 첫 번째 요소다. 불필요한 물건을 정리하면 자신에게 다가오는 행운의 신호를 느끼게 된다.

우리는 많은 기회를 놓치며 살고 있다. 또 기회가 와도 잡지 못하고 놓치는 경우도 많다. 그것은 집 안에 잡동사니가 많이 쌓여있다는 증거다. 물건을 정리함으로써 내 안의 자아를 찾고 행복한 길을 찾게 될 것이다.

최의정

목 차

1장

나는 비우며
살기로 했다

신들린 것처럼 하루 만에 정리를 끝내다

신이 내 안에 들어왔다. 나는 신이 들렸었다. 신들린 사람처럼 방 안에 있던 모든 물건을 버렸다. 그러고 나자 기적처럼 운명이 바뀌기 시작했다. 가장 큰 고민거리가 사라졌고, 회사도 옮겼고, 반지하 생활도 끝났다. 내 인생이 날개 단 듯 날기 시작했다. 그 이후로 나는 정리가 가져다주는 에너지의 능력을 믿게 되었다.

대책 없이 보낸 20대를 지나 서른 살이 되었다. 혼자 있는 것을 좋아해서, 주말이면 혼자 대형서점을 찾아가고는 했다. 나는 광화문 교보문고를 참 좋아했다. 그곳에 가면 마음이 편안했다. 책 보는 것을 좋아했고, 모으는 것도 좋아했다. 서른 살이 되면 뭔가 좀 더 새로운 삶을 살고 있으리라 생각했다. 하지만 변한 것은 없었고, 여전히 직장생활만 열심히 하며 살고 있었다. 열아홉 살부터 사회생활을 시작해 10년간 일과 사랑을 반복하는 패턴으로 살았다.

그러다 우연히 서점에서 발견한 한 권의 책이, 캐런 킹스턴(Karen Kingston)이 쓴 《아무것도 못 버리는 사람》이었다. 책 제목에서부터 뭔가를 버려야 할 것 같은 느낌을 받았다. 내용을 대충 살펴보니, 잡동사니를 쌓아두면 안 좋은 에너지가 좋은 기운을 막는다는 것이었다. 저자는 풍수의 한 분야인 공간정리와 잡동사니 청소 분야의 전문가였다. 목차부터 심상치가 않았다. 나를 끌어당기는 충분한 힘이 있었다. 풍수가 주는 균형 있는 에너지의 흐름, 잡동사니가 일으키는 문제들, 청소가 주는 놀라운 효과, 내면의 부정적인 감정 버리기, 영혼의 잡동사니 청소하기 등 그 당시 내 상황을 읽기라도 하는 듯했다. 책 내용이 내 마음에 확 꽂혔다. 저자가 독자들로부터 받은 편지의 내용은 이랬다.

"당신의 책으로 인해 우리 가정에 큰 변화가 생겼습니다! 정말 고맙습니다. 가족 모두에게 이 책을 선물로 보냈는데, 오늘 아침에 어머니로부터 고맙다는 전화를 받았습니다. 어머니는 아버지가 돌아가신 이후 처음으로 새 출발 할 마음이 생겼다고 합니다."

"이 책을 읽고 나서, 이제는 저의 집이 된, 돌아가신 할머니의 집을 청소하기로 마음먹었습니다. 가족들은 제가 할머니의 집을 청소하는 것도, 할머니의 유품을 버리는 것도 별로 좋아하지 않았어요.

하지만 제가 낡은 트렁크 속에서 손수건에 싸인 5,000달러가 넘는 돈을 찾아내자 그제야 관심을 보이기 시작했습니다. 이젠 모두 집 청소에 동참하고 있답니다. 그리고 오랫동안 찾지 못했던 8,000달러의 돈뭉치도 발견했어요."

잡동사니를 정리하고 삶이 변화되었다는 내용의 편지를 보면서 나는 속으로 '바로 이거야!'라고 외쳤다. 당장 책을 사서 집으로 돌아왔다. 오자마자 바로 읽기 시작했는데, 읽으면서 마음으로는 벌써 물건을 다 비우고 있었다. 그때 당시 나에게는 해결해야 할 문제가 있었고, 불안을 떨칠 수 없는 삶을 살고 있었다. 나는 책을 다 읽지도 않은 상태에서 주위를 둘러봤다.

모두 버려야겠다는 생각이 들었다. 당장 일어나 버려야 할 것들을 훑어보기 시작했다. 그 당시 나는 비좁은 집에 너무 많은 물건을 쌓아두고 있었다. 원래는 그렇게 비좁지 않았었는데, 내가 살던 집으로 엄마가 이사를 오면서 짐이 더 많아진 탓이었다.

스물다섯 살에 나는 첫 독립생활을 시작했다. 그때 내가 집에서 가지고 나온 것은, 좋아하는 샹송 CD 몇 장과 책 몇 권이 다였다. 어쩌면 그때부터 미니멀 라이프를 좋아했는지도 모르겠다. 25년 동안 엄마와 외할머니, 언니 그리고 나 이렇게 여자만 넷이 함께 살았다. 그러다 언니는 일찍 결혼해서 출가했고, 외할머니는 내가 스물다섯 살이 되던 해에 포항에 있는 외삼촌 집으로 내려가셨다. 엄마와 나만 남은 약수동 집은 허전했고, 엄마는 집을 팔고 부천으로 이사했다.

그 당시 나는 차로 출퇴근하고 있었는데, 부천으로 이사하니 출퇴근 거리가 멀어져 많이 불편하고 힘들었다. 차를 팔고 회사 근처에 집을 얻어야겠다는 생각이 들었다. 그렇게 낯선 동네였던 면목동으로 처음 이사하게 되었다. 그 이후로 나의 독립생활은 쭉 이어졌다.

여러 번의 이사 끝에 논현동에서 반지하 방을 얻게 되었다. 엄마는 부천에서 계속 혼자 살고 계셨다. 그러다 혼자 사시는 것이 적적했는지, 갑자기 집을 전세 놓고, 내가 사는 곳으로 들어오겠다고 하셨다. 당시 내 짐은 부천 집에 다 있었는데, 결국 내 짐도 다 빼와야 했다. 거기에다 엄마 물건까지 더해진 것이었다. 짐은 2배로 늘어났다. 방 한 칸에 거실도 없고 주방만 있는 집이라, 정말 짐 속에 파묻혀 산다는 생각이 온통 머릿속을 꽉 채우고 있었다.

그때 마주한 책이 바로 《아무것도 못 버리는 사람》이었다. 책을 보는 순간 난 집에 안 좋은 에너지가 있음을 직감적으로 느꼈다. 책을 다 보기도 전에 방 안에 있던 물건들을 모두 밖으로 하나둘씩 옮기기 시작했다. 그때가 2000년이었다. 미니멀 라이프라는 말은 회자되고 있지도 않았고, 잡동사니라는 개념이 생길 만큼 많은 물건이 우리의 삶을 지배하던 시대도 아니었다.

하지만 난 우리 집 안에 잡동사니가 많다는 걸 느꼈다. 그것들을 당장에 버려야지, 생각했다. 가지고 있던 물건들은 모두 다 내가 아끼던 것들이었다. 그런데 버려야겠다는 마음이 드는 순간 아깝다는 생각이 싹 사라졌다. 나는 마치 신들린 사람처럼 움직였다. 거의 모든 물건을 다 내다 버렸다. 늦은 오후부터 시작해 새벽이 될 때까지 버리기를 멈추지 않았다.

물건 중에 부피를 가장 많이 차지하는 것은 레코드판과 CD였다. 카세트테이프도 많았고 턴테이블이며 오디오 기계도 공간 차지에 한몫하고 있었다. 책도 많이 있었다. 누울 공간 빼고는 온통 짐에 둘러싸여 있었다. 엄마가 가져온 장롱이며 화장대 등 발 디딜 틈이 없을 지경이었다.

현관문을 열면 가로막고 서 있는 레코드판 수납장이 더욱 집 안에 안 좋은 에너지를 가져다주는 것 같았다. 그 당시에는 재활용 쓰레기를 구분해서 버리지도 않았고, 종량제 봉투 따위도 없었다. 그냥 집 앞에 버리면, 다 거두어가던 시절이었다. 빌라 1층 입구에 너무 많은 물건을 쌓아놓으니, 옆집 아주머니가 쓰레기를 한꺼번에 너무 많이 버리는 게 아니냐며 핀잔을 주기도 했다. 하지만 어쩔 수 없었다. 어차피 새벽에 쓰레기 수거차가 가져갈 것이라 신경 쓰지 않았다.

책은 도서관에 기증하기로 했고, 레코드판은 지인에게 주기로 했다. 다음 날 용달차를 불러 레코드판 수납장과 레코드판을 지인에게 보냈다. 지인은 나의 아쉬운 마음을 읽었는지, 나중에 필요하면 다시 돌려주겠다는 말을 남겼다. 하지만 난 20년이 넘도록 레코드판을 되찾고 싶은 마음이 단 한 번도 생기지 않았다.

책은 동네 도서관에서 가지러 왔다. 소소하게 버린 것 중에는 일기장과 손편지가 있다. 졸업앨범 빼고는 사진도 거의 다 버렸다. 아기자기한 예쁜 소품들도 다 버렸다. 완벽하게 모든 걸 버렸다. 덩그러니 빈 책상과 좋아하는 음악 CD만 몇 개 남게 되었다. 물론 나와 함께 사는 엄마의 물건은 건드리지 않았다. 엄마는 이미 부천에서 이사 나올 때 많이 정리했기 때문에 더는 버릴 것이 없는 상태였다. 그런데다 어른들은 버리는 것에 민감해서, 버리자는 말도 못 꺼냈다. 내 물건만이라도 다 버리고 나니 집 안이 훤해졌다. 실내 공간도 넓어졌고, 마음도 편해졌다.

그런 다음 날 당장 기적 같은 일이 일어났다. 스토커처럼 쫓아다니던 남자로부터의 연락이 바로 끊긴 것이다. 내 인생 최대의 악몽이었을 정도로 끈질긴 사람이었다. 논현동으로 갑작스레 이사를 오게 된 것도, 그 사람을 떨쳐내고 싶었기 때문이었다. 그런 사람이 내 삶에서 사라진 것이다. 나는 행복해지기 시작했다. 마음이 편하니, 날아갈 듯 행복한 마음이 들었다.

그러던 어느 날 갑자기, 잘 다니던 회사에서 해고 통보를 받았다. 그것도 팀장에게 전자 우편으로 받았다. 나는 당장 그만두겠다고 회신하고 짐을 챙겼다. 억울하지도 않았다. 오히려 잘되었다 싶었다. 영화의 한 장면처럼 예고 없이 해고당한 아침, 나는 박스에 내 물건을 담아 들고 회사 밖으로 나왔다. 동료 2명이 배웅해줬다. 비까지 내려 우울해야 할 것만 같은 날씨였지만, 나는 아주 후련했다. 하루아침에 직장이 사라졌지만, 집으로 가는 내 발걸음은 가볍기만 했다.

　대낮에 박스를 안고 집에 들어오는 나에게 엄마는 무슨 일이냐고 물어왔다. 나는 회사를 그만뒀다고 짧게 말했다. 내 대답에 엄마는 더는 묻지 않았다. 오히려 잘했다고 나를 격려해주었다. 다니던 직장을 그만둔 것은 나에게 행운이 되었다. 행운을 내려주려고, 우주가 그 회사 그만 다니라는 신호를 보낸 것 같았다. 해고당한 바로 다음 날 마법처럼 면접의 기회가 생겼고, 보름 만에 새로운 회사에 입사했으니까.

　회사를 옮긴 이후, 반지하 방에서 살던 나는 4층의 방 2개짜리 넓은 집으로 이사하는 행운까지 얻었다. 이후로 몇 년간 나에겐 고난이나 역경 따위는 찾아오지 않았다. 그 회사는 나의 마지막 회사가 되었고, 제주로 이주하기 전까지 다녔다. 제주로 가면서 새로운 사업을 시작해, 끊어진 직장 경력이 7년째였다.

　이때 다시 나에게 힘든 상황이 닥쳐왔다. 고민하던 찰나에 회사에서 연락이 왔다. 나이 오십 살이 넘어 다시 회사에 재입사하게 되었다. 결국, 이것도 정리의 힘이 만들어준 행운이라고 믿는다.

나의 처음 버리기는 완벽에 가까웠다. 책에서 말하고 있는 것처럼, 나쁜 에너지는 모두 사라졌다. 지금까지 20년 넘게 버리기를 실천하며 사는 이유다. 일이 안 풀리거나 뭔가 이루고자 하는 마음이 생길 때 나는 주위를 둘러본다. 그렇게 청소는 습관이 되었고, 버리기는 일상이 되었다. 하지만 인간의 본성은 원래의 자리로 회귀하려는 습성이 있다는 것을 나중에야 깨달았다. 언제부턴가 다시 쌓이기 시작한 짐들이 나도 모르게 내 주변을 감싸고 있었다.

행복하다고 느끼는 순간, 버리기를 멈춰버리고 물건은 쌓이기 시작했다. 또 한 번 정리가 필요한 순간이 찾아온 셈이다. 하지만 예전처럼 한 번에 정리할 수는 없었다. 그러기에는 일을 너무 많이 벌였기 때문이었다. 2년에 걸쳐 얼추 정리되었지만, 아직도 비워내야 할 것들이 많이 남아 있다. 버리기는 인생의 끝없는 숙제다. 버리기가 즐거우면 아무 문제도 안 된다. 비우고자 하는 마음이 가장 중요할 뿐이다.

사람들이 정리를 잘 못하는 이유

정리는 다이어트하는 것과 같다. 미루는 것에 익숙한 사람일수록 물건이 늘어나는 것에 신경을 쓰지 않는다. 마치 내 몸에 불필요한 지방질이 조금씩 쌓이고 있는지 모르는 것처럼 말이다. 정리해야지 하면서 내일로 미루고 또 미룬다. 시작해도 끝을 내지 못하고 작심삼일로 끝나버리는 경우도 많을 것이다.

하나를 정리하다 보면 두 개가 쌓이는 경우가 있다. 정리했으니 채워야겠다고 생각하기 때문이다. 이것은 정리의 기본이 아니다. 정리해야 한다는 마음을 먹었을 때는 비우기만 실천해야 한다. 얼마나 정리가 안 되는 사람이 많이 있으면 정리컨설턴트라는 직업까지 생겨났을까. 정리하는 것도 습관이라 했다. 다이어트도 습관 중

하나라고 할 수 있다. 왜냐하면 다이어트를 힘들게 해놓고도 다시 요요현상이 오는 경우가 많기 때문이다. 습관성 다이어트 중독자들이 있는데, 바로 내가 그랬다.

마음만 먹으면 언제든지 할 수 있다는 생각은 내 몸을 점점 살찌우게 했다. 결국은 빼지 않으면 안 될 위기까지 닥쳐야 그제야 마음을 먹게 된다. 물건 정리도 마찬가지다. 해야지 하면서 미루게 된다. 감당할 수 없을 만큼의 물건이 쌓였을 때는 이미 손을 쓸 수가 없다. 그래서 정리컨설턴트까지 필요하게 된 것이다.

다이어트도 똑같다. 다이어트 보조식품도 없이 식사 조절과 운동만으로 체중을 조절한다는 것은 강인한 인내력과 참을성이 필요하다. 미루는 습관이 정리를 못하게 만든다. 내일, 내일, 내일, 우리에겐 내일이 무한하다. 그래서 내일을 외친다. 내일이면 할 수 있을 것 같다고 하는 다짐은 희망을 안겨주는 가장 좋은 메시지다. 하지만 내일이 와도 또 다른 새로운 내일이 있다. 내일은 계속 오늘이 되고, 희망만 품으며 계속 내일을 약속한다. 이제는 내일의 약속을 하지 말아야 한다. 지금 당장 시작하는 것이 가장 중요하다.

정리컨설턴트의 도움을 받아 정리를 시작했다면 정리하는 습관을 들여야 한다. 다이어트를 힘겹게 하고 나서 우리가 요요현상이 오지 않게 하기 위해서는 반드시 그 전의 습관으로 돌아가서는 안 된다. 나는 그 반복을 습관처럼 해왔기 때문에 잘 안다. 힘겹게 10kg을 빼고 나서는 조금씩 다시 그전의 모습으로 돌아가는 과정을 수없이 반복하며 살아왔다. 요요현상이 오지 않을 거라는 생각은 생각에 그쳤다. 반복되는 저녁 술자리와 안줏거리들, 쉽게 끊어내지 못하는 맛있는 먹거리와 마약 같은 소맥은 내 몸에서 자꾸 달라고 아우성쳐 요요현상을 불렀다.

스스로 견제할 수 없으면 다시 원상태로 돌아가는 것은 순식간이다. 요요현상이 오지 않도록 노력해야 하는 습관은 바로 절제다. 정리습관도 절제에서 시작된다. 불필요한 물건을 사지 않는 습관에서 정리를 시작해야 한다. 깨끗하게 청소를 한 후 정리된 방에서의 기분 좋은 감정을 느껴 봤다면 그 기분을 알 것이다. 다이어트가 완성되어서 잘 빠진 내 몸을 보는 기분과 똑같다. 하지만 정리에도 요요현상이 있다. 나도 마찬가지였고, 한 번에 요요현상을 물리치고 완벽하게 살 수는 없다. 다이어트가 필요 없는 사람, 그냥 있는 그대로의 모습으로 살겠다는 사람에게는 요요현상이 오지 않는다. 평생 그렇게 살면 되기 때문이다.

정리도 마찬가지다. 정리해야 하는 이유를 알지 못하는 사람들이 있다. 어떠한 상태가 정리된 상태인지 자기만의 기준이 있기 때문이다. 잘 정리된 방보다 조금은 어수선한 분위기의 느낌을 그대로 받아들이고 만족하며 살고 있다면 정리는 자신하고 상관없는 일이라며 사는 것이다. 어쩌면 정리를 못하는 것이 아니라, 그렇게 사는 것이 자신만의 정답이라며 느끼고 사는 것일지도 모른다. 실제로 정리되지 않는 책상을 늘 유지하고 있는 사람에게 '왜 이렇게 정신없이 널어놓고 있느냐?'고 물어보면 당사자는 그 자체가 정리되었다고 믿고 있었다. 본인은 정작 그것이 어질러진 상태인 것이라는 것을 몰랐다. 이렇게 사람마다 정리의 기준도 다르다는 것을 알게 되었다. 정리를 잘 못하는 것이 아니라 정리의 기준이 다르다는 것이다. 객관적인 잣대로 들여다보면 정리가 필요하지만, 주관적인 잣대로는 정리가 쉽지 않다.

그래도 정리를 하고 싶은데 못하겠다는 사람들을 보면, 분명 성격에서 오는 차이도 있을 것이다. 꼼꼼한 사람이 있는가 하면 덜렁대며 대충하는 스타일이 있다. 나는 좀 꼼꼼한 편이다. 집을 통째로 들고 가는 것만큼 짐을 가지고 캠핑하러 다녔던 시절, 그 많은 물건을 펼치고 접기를 한 번도 대충한 적이 없다. 원래 있던 상태대로 접고 넣어야 부피가 원상태가 된다. 그렇지 않고 대충해서 넣다보면 집에서 나올 때보다 훨씬 더 많은 짐을 싣고 들어가게 된다. 이 꼼꼼함의 차이에서도 분명 정리를 잘할 수 있는 사람과 정리를 잘 못하는 사람의 차이도 생긴다.

다이어트를 다이어트 보조식품 없이는 못하는 사람과 같다. 이런 경우에는 정리컨설턴트의 도움을 받는 것도 좋은 방법이라 생각이 든다. 도움을 받다 보면 어떻게 해야 하는지 보면서 배울 수도 있고 직접 체험할 수도 있다. 언제부턴가 우리는 너무 편리한 것에만 익숙해져서 정리하는 것도 누군가에게 맡기고 싶다는 시대까지 오게 되었다. 그 한 부분이 바로 포장이사다. 포장이사라는 것이 생기면서 손 까딱 안 하고 집 안의 모든 물건을 정리해서 이사하는 곳까지 그대로 옮겨준다. 이런 서비스는 예전에는 없었던 것이다.

돈만 주면 다 되는 이 세상에 정리까지 배워야 하나, 생각하는 사람들도 많다. 정리를 못하는 것이 아니라 정리하기 싫은 이유에서다. 스스로 정리하는 습관은 누구에게 맡기는 것보다 더 보람되고 행복을 느낄 수 있다는 것을 직접 해보지 않으면 모른다. 다이어트도 오로지 운동과 식사 조절만으로 성공했을 때 더 값진 기분을 느낄 수 있다. 나의 첫 다이어트가 그랬고, 가장 위대한 정신으로 살았던 때기도 하다. 자신이 정리를 못 한다고 생각하지 말고 정리를 해야겠다는 마음을 가져보자. 정리를 한 번에 잘하는 방법은 눈에 보이는 보기 싫은 것들을 모두 모아서 버리는 것이다. 버리는 방법을 몰라 못 버리는 사람도 많다. 지금은 재활용 분리수거라는 명목으로 버리는 물건들을 분류한다. 차근차근 분류하다 보면 쓰레기로 버려지는 것보다 재활용으로 쓰이는 물건이 많다는 걸 알게 된다.

분리수거를 귀찮아하는 사람들도 많다. 숙소를 운영하다 보면 온갖 쓰레기를 마구 섞어놓고 가는 손님들도 보게 된다. 분리수거 자체를 싫어하는 사람들도 많다는 것을 알 수 있다. 그만큼 버리는 방법을 잘 모르기도 하지만 버리는 데 수고를 들이는 것조차 싫어하는 사람들도 많다는 것이다. 정리를 못하는 것이 아니라 정리하는 법을 배우기 싫어하고, 귀찮아하는 것이다. 정리하는 것까지 배워야 한다는 것은 너무도 많은 물건을 쌓아놓으며 살고 있다는 이야기다. 하루에도 수없이 쏟아지는 새로운 상품에 어떡하면 그 물건을 가져볼까 하는 소비 욕심이 불러온 결과이기도 하다. 그 세상에 점점 빠져서 결국 내가 가야 하는 길이 어디인지도 모르고 사는 것은 아닌지 생각해봐야 한다.

왜 진작 버릴 생각을 못했을까?

열아홉 살의 봄, 첫 사회생활은 물건 쌓기의 시작이었다. 18년간 내게 주어졌던 물건들은 진정한 내 것이 아니었다. 부모님으로부터 받은 것이었고 진짜 내 물건이 생긴 것은 그때부터가 시작이었다. 10년을 넘게 물건을 쌓고 나서야 물건을 버려야 한다는 것을 처음 깨달았다. 아마도 누가 알려주지 않아서 또는 어떻게 버려야 하는지 몰라서 버리지 못하고 여태 쌓아놓고만 있는 사람들도 많을 것이다. 정리컨설턴트 곤도 마리에(近藤麻理惠)는 어렸을 때 정리하는 법을 잡지에서 처음 접했다고 한다.

일찍 배웠기 때문에 몸에 습관화를 만들 수 있었던 것이다. 다섯 살 때부터 엄마가 보는 잡지를 보며 흥미를 느꼈다니, 그 어린 나이에 정리습관을 배웠다는 것이 참 대단하다. 이렇게 무엇으로부터 배울 기회가 있어야 내가 인지할 수 있다. 그렇지 않으면 물건을 버려야 한다는 생각을 하며 살기란 쉽지 않다. 하지만 요즘은 미니멀 라이프 관련 책도 많이 나와 있고 TV에서도 방송할 만큼 정리하는 생활 방식은 우리 삶에 이미 깊숙이 들어와 있다. 관심의 연결고리가 없어서 아직 정리라는 것이 무엇인지 모르는 사람을 제외하고는 말이다. 물건을 버려야 한다는 것을 책을 통해 처음 알게 되었고 나는 그날 당장에 모든 것을 버렸다. 현관문을 열고 들어서면 물건이 꽉 찬 장이 바로 눈앞에 있었는데도 버리라고 누가 알려주지 않아 버릴 생각을 못했던 것이다.

그렇게 답답한 생활을 하고 있을 때 나에게 신호를 준 것은 《아무것도 버리지 못하는 사람》이었다. 우리는 살면서 신호가 오는 것을 느껴야 한다. 그 신호는 기회가 되는 신호가 될 수도 있고, 위험을 알리는 신호일 수도 있기 때문이다. 기회는 잡아야 하고 위기는 인지하고 있어야 대비할 수 있다. 나는 버려야 한다는 신호를 바로 받아들였고, 그것이 내 운명을 바꿔줄 한 줄기 빛이라고 여겼다. 스스로 물건을 버려야만 한다는 생각을 할 수가 없었던 나이였다. 10년간 쌓아 온 집 안의 물건은 답답함만 안겨주었다. 스물다섯 살에 처음으로 이사라는 것을 했다. 그리고 네 번의 이사가 있었다. 독립해서 혼자 살기 시작한 것이다.

아무도 가르쳐 주지 않았던 버리는 기술은 엄마도 이야기해주지 않았다. 내가 물건을 쌓아놓고 있을 때도 엄마는 나의 것이기 때문에 버리라는 말은 쉽게 하지 못했을 것이다. 책 한 권이 나의 인생을 송두리째 바꿔놓았다. 지금도 내 생각 속에는 내가 아는 얕은 지식만 있다. 누군가 버리라고 했을 때 버리기 시작했고 아마 지금은 또 다른 미션을 준비하고 있어야 했는지도 모른다. 그것을 찾는 것은 나의 숙제고 그 답은 책 속에 있다고 믿는다. 답을 찾고 나면 그것으로 끝나는 것이 아니다. 바로 실천하고 행동해야만이 내 것이 되는 것이다. 우리가 해답을 알고 있는 것을 적용하기 위해 무엇을 하며 사는가. 그것은 바로 시험이다.

시험에 합격하기 위해 공부를 하고 그것을 적용한다. 마찬가지다. 우리의 삶은 시험의 연속이라고 말할 수 있다. 답을 찾아 행동하고 시험의 결과를 만드는 과정이다. 공부해서 정답은 알고 있는데, 시험을 보지 않는다면 합격증은 평생 나에게 찾아오지 않는다. 이 책을 읽고 있는 독자라면, 책을 읽고 최소한 버리는 기술도 중요하다는 것을 알게 된다. 그러면 행동해야 한다. 답을 찾았다면 실천하는 것만이 진정한 해답을 찾는 방법이기 때문이다. 학교에서는 버리는 기술이란 것을 가르쳐주지 않는다. 소비하는 습관만 배울뿐이다. 어떻게 돈을 쓸 것인가. 돈을 다루는 방법에 대해서도 함께 배워야 한다.

그렇지 않으면 뇌의 속임수에 매일 돈 쓰는 연습만 평생 하며 살게 될 테니 말이다. 돈 쓰는 연습만큼 저축하는 연습을 한다면 누구나 부자가 될 수 있다. 나 또한 저축하는 습관으로 연봉의 80%를 저축할 때도 있었으니 말이다. 버린다는 것을 무조건 아깝다고만 생각하면 안 된다. 나눔도 좋고 저렴하게 판매하는 것도 버리기의 하나다. 이제부터라도 자신이 사용하고 있지 않은 물건이 있다면 하나라도 그 자리에서 빼보자. 더해지는 삶은 저축하는 것과 지식을 쌓는 일밖에 없다. 물건을 일단 빼야 한다. 그 물건에서 내가 얻을 수 있는 것은 아무것도 없다. 내 자산을 갉아 먹는 좀벌레라고 생각하자. 그러면 더욱 물건 정리가 즐거워질 것이다.

　이제 버려야 할 생각이 들었다면 미루지 말고 시작해보자. 효과는 정리할 때 확실히 한 번에 끝내주는 것이 훨씬 뜨겁게 다가올 것이다. 하루에 하나씩 한다는 생각보다는 생각났을 때 바로 책을 읽고 있는 지금, 이 순간 바로 정리해보는 것이다. 많은 사람이 망설이며 하지 못할 것이다. 편안함에 안주하며 사는 사람일수록 더욱 버리는 것은 쉽게 다가오지 않을 것을 안다. 부자들이 이 책을 읽고 있을 것이라고는 생각하지 않는다. 부자들은 이미 정리하는 습관이 몸에 배어 있기 때문이다. 주방에 있는 싱크대 장을 열어보면 사용하고 있지 않은 그릇들이 보일 것이다. 언젠가 사용할 거라는 그 언젠가는 오지 않는다.

아낀다고 모셔두는 거라면 지금 사용하고 있는 그릇을 정리하고 새 그릇으로 당장 바꿔보자. 그 효과는 바로 나타날 것이다. 식탁을 준비하는 기분도 달라질 것이고, 설거지하는 것도 행복하다는 생각이 들 것이다. 당장 냉동실에 있는 가장 오래 두었다고 생각하는 음식물을 꺼내보자. 왜 그것을 그렇게 오랫동안 넣어두었는지 생각해보고, 앞으로도 한 달 동안 있을 것 같은 음식은 그냥 버리자. 먹을 것을 냉장고에 처박아두는 것처럼 나쁜 에너지를 쌓아두는 일도 없다. 냉장고 비우기 실천은 내 몸이 1kg씩 빠지는 효능을 발휘할 것이다. 내가 44kg을 유지할 수 있었던 이유는 냉장고가 비어 있기 때문이다. 너무 극단적으로 사는 것 아니냐고 하는 사람도 있겠지만 다이어트로 10kg을 빼고 싶다면 가장 멀리해야 할 것이 냉장고라는 것을 알아야 한다. 냉장고가 비어 있는 만큼 내 몸속도 비워지게 될 테니 말이다.

물건을 쌓는 연습만 하고 살았다면 이제는 비우는 연습을 할 때가 온 것이다. 한 번쯤은 비워보고 다시 채워보는 것도 나쁘지 않다. 에너지는 흐름이 좋아야 하고, 그 흐름에 물건 또한 잘 보내줘야 한다. 보내고 들어오는 기운 속에서 더 밝은 에너지를 느낄 것이고, 삶 또한 행복하게 느껴질 테니 말이다.

물건이 많으면 많을수록 편리하다고?

　미니멀 라이프의 반대는 맥시멀 라이프다. 물건을 더 많이 소유하고, 이미 가지고 있는 물건임에도 또 소유하려는 것이다. 맥시멀 라이프를 즐기는 사람들에게는 어쩌면 물건이 많은 것이 행복일지도 모른다. 하지만 결코 평탄한 삶을 살고 있을 거라는 생각은 들지 않는다. 만약 전혀 불편하지 않다면, 정리를 잘해놓았다는 증거다. 물건이 많아서 편리하다는 것은 편리함에 자꾸 익숙해지기 때문이다. 우리가 무엇에 자꾸 편리함을 빼앗기는지 찾아보자. 냉장고, 세탁기, TV 등 가전제품들은 점점 커지고 세련되어져 간다. 그것을 소유해야만 행복함을 느끼는 사람들이 많다. 못 가져서 안달인 사람들이다.

더 큰 것은 편리함을 주는 것은 맞지만, 행복감도 함께 안겨줄지는 의문이다. 물건이 행복을 가져다주는 기간은 길어야 3개월이라고 했다. 3개월의 행복을 위해 우리는 계속 소비를 멈추지 않는다. 끊임없이 물건을 사들이는 것도 만족이 시들어졌기 때문에 새로운 만족을 얻기 위함이다. 그렇게 만족을 찾다 보면 끝이 보이지 않는다. 점점 더 맥시멀 라이프의 삶을 살게 되는 것이다. 집 안을 가득 채운 물건들이 기쁨을 주고 있는가. 무엇이 기쁨을 주고 있는지 둘러보자. 집이 크면 클수록 뭔가를 계속 채우고 싶을 것이다. 요즘 안마의자가 유행이다. 대부분 집에 한 대씩은 들여놓을 만큼 대중화가 되었다. 갈수록 집은 그냥 집에 그치지 않고 공간의 용도가 멀티플하게 변해가고 있다. 각종 운동기구를 들여놓으면서 헬스공간을 만들기도 한다. 그런데 안마의자를 한 달에 얼마나 사용하는가? 집에서 운동을 얼마나 하는가?

사실 어쩌다 한번 사용하는 것으로 집 안을 가득 메우고 있지는 않은지 생각해볼 필요가 있다. 편리한 만큼 주머니는 자꾸 가벼워질 것이다. 물건이 있는데도 저렴하다고 사고 세일한다고 또 쌓아놓고, 계속 쌓아놓다 보면 집 안에 무엇이 있는지 몰라 똑같은 물건을 사게 되는 경우도 많을 것이다. 그래서 정리가 필요한 것이다. 정리를 하게 되면 무엇을 가졌는지 쉽게 파악할 수도 있고, 불필요한 물건도 많이 가지고 있음을 알게 될 것이다. 아무리 필요한 물건이라도 너무 많이 가지고 있다면, 공간 활용이 안 될뿐더러 다른 물건이 들어올 수 있는 틈을 주지 않게 된다.

물건은 돌고 돌아야 한다. 음식이 너무 한곳에 오래 있게 되면 썩게 되는 것처럼 물건도 한곳에서 오래되면 가지고 있는 에너지를 잃게 된다. 나는 예전에 이불 욕심이 많았다. 유독 우리나라 사람들은 차렵이불을 좋아한다. 나 또한 차렵이불(이불솜과 커버가 붙어 있는 이불)을 좋아했다. 아니, 좋아했다기보다 어렸을 적부터 그런 이불만 보며 자라왔기 때문인 것 같다. 외할머니는 이불과 요를 세탁하기 위해 커버로 덧댄 하얀 면의 실밥을 다 뜯어서 빨아 널고는 마르면 다듬이질로 두들겨서 편평하게 만들었다. 다림질한 것처럼 반듯하게 다려진 하얀 면을 잘 펼쳐서 바늘로 꿰매 다시 사용하고는 했다. 생각해보면 굉장히 번거로운 일이 아닐 수 없다. 아마 지금 그렇게 이불을 뜯었다, 꿰맸다 하며 사용하는 집은 없을 것이다.

그렇게 살다가 어느 날부터는 담요가 나오기 시작했고 차렵이불이 등장했다. 이불을 빨려면 커다란 대야에 물을 붓고 세제를 넣어 발로 밟아서 빨아야만 했다. 그런 풍경이 그려진다면 아마도 옛날 사람일 것이다. 지금은 어디서 그런 모습을 볼 수 있을까. 영화에서나 나올 법한 풍경이다. 나는 마흔 살이 넘도록 세탁기를 써본 적이 없었다. 아마도 세탁기를 처음 사용한 것은 제주에서였을 것이다. 어렸을 적 손빨래를 해서 '짤순이'라는 탈수기에 옷을 넣어 탈수해 말렸던 기억은 난다. 세탁기라는 것이 우리 생활에 편리함을 준 지는 그리 오래되지 않았다.

제주에서 숙소를 운영했던 나는 차렵이불만 고집했다. 세탁하는 것도 통째로 넣어서 빨면 되었으니 그게 편하다고 생각했다. 홈쇼핑을 보면서 예쁜 이불을 판매하면 모조리 사곤 했다. 홈쇼핑으로 판매되던 이불도 대부분이 차렵이불이었다. 우리나라 사람들의 정서에는 차렵이불이 정석이라 생각되었다. 호텔이나 리조트에는 커버를 씌워 사용했던 때기는 하다. 일명 콘도라고 불리던 곳에서는 솜이불에 전체가 씌워진 커버가 아닌 몸이 닿는 부분만 커버로 씌워져 있는 것을 볼 수 있었다. 지금도 그렇게 사용하고 있는 곳이 간혹 있다. 그러다 이케아가 국내에 정착되면서 이불과 커버를 따로 사용하는 법을 알게 되었다.

처음 그 신세계를 접할 때는 쉽지 않았다. 커버를 매번 벗기고 씌우는 일이 여간 귀찮은 일이 아니었다. 차라리 통으로 빨래하는 차렵이불이 편하다고만 고집했다. 그러다 어느 날 집 컨테이너 가득 이불이 넘쳐나고 있는 것을 발견했다. 겨울 이불은 두꺼워서 자리도 많이 차지한다. 숙소를 정리하게 되면서 그 많던 차렵이불을 모두 정리하고 커버를 씌우는 이불로 모두 교체했다. 그렇게 산더

미처럼 쌓였던 이불은 온데간데없고, 이불 커버만 린넨실에 자리하고 있어 신기하리만치 작은 부피를 차지하고 있었다. 이렇게 크고 불필요한 짐을 정리하는 데는 나에게도 시행착오가 있었다. 숙소는 차렵이불로는 답이 될 수 없다는 결론을 내린 것이다. 물론 지금은 내가 덮고 자는 이불도 모두 커버 교체용이다. 커버만 교체할 수 있기 때문에 언제든 새로운 것을 갈아 끼울 수가 있다.

이불이 많아서 이불 부자였던 나는 새로운 패러다임을 만나면서 공간을 줄이고 부피를 줄이는 체험을 했던 것이다. 빨래도 얼마나 많았는지 널기도 힘들었고 말리기도 힘들었다. 습한 제주에서 정말 힘겨운 이불과의 전쟁을 끊임없이 해왔다. 부피를 줄인 만큼 나의 일도 줄었고 편리해졌다. 물건이 많을수록 편리한 것이 아니라, 적을수록 내 몸이 편해진다는 것을 또 한 번 느꼈던 좋은 경험이었다. 지금도 지인들 집에 찾아가면 여전히 차렵이불을 많이 사용하고 있다. 그들도 새로운 패러다임을 만나길 바란다.

큰 것이 나올수록 더욱 인기 있는 것은 TV다. 사람들은 어떻게 하면 더 큰 TV를 집에 놓을까. 그 생각뿐이다. 40인치가 크다고 느꼈을 때가 언제인데 이제는 그 정도 크기의 TV는 작은 사이즈에 속하고 판매를 하려면 스마트 기능을 달거나 디자인을 달리해야 한다. 요즘에는 캠핑용 TV로 40인치를 많이 본다고들 하는데 세상

참 요지경이다. 내가 한참 캠핑을 다닐 때는 TV를 가지고 다녔어도 볼 수 없는 무용지물이었는데 요즘에는 대형 TV들도 들고 다니면서 본다고 한다. 도대체 집 안에는 얼마나 큰 TV를 모셔두고 있을지 상상이 간다.

커질수록 편리해지고 작으면 불편할까? 시대가 변하면서 휴대전화 사이즈가 더 작을수록 인기가 많았던 시절이 있었는가 하면, 지금은 클수록 더 많이 찾는 시대가 되었다. 많이 쌓아둔다는 것, 큰 것을 가지려는 소유욕, 우리는 모든 욕심에서 한 걸음 물러설 때 더 편리하다는 것을 느끼게 될 것이다. 물건 속에 내가 있는지 내가 물건을 지배하는지는 집 안에 물건이 어떻게 정리되어 있느냐에 따라 삶의 방식도 분명 다를 것이다. 집 안에 커다란 물건이 많으면 그만큼 에너지 관리도 필요하다.

청소할 것이 더 늘어나 그 물건에 빼앗기는 시간도 많아질 테니 말이다. 그 물건에 시간을 할애할 것인가. 좀 더 나은 삶의 방향을 찾아 유익한 삶으로 전환할 것인가는 각자의 몫이다. 물건이 적어서 물건에 시간을 소비하는 시간이 없으면 자신이 할 수 있는 영역이 더 확대되고 유익한 생활에 더 몰두할 수 있게 될 것이다. 요즘은 스마트폰으로도 얼마든지 TV도 볼 수 있고 쇼핑도 즐길 수 있으니 큰 것에 너무 욕심부리지 말고 편안한 것에만 익숙해지지 않도록 노력해보자. 부자들은 물건을 사지 않고 돈을 모은다. 부자가 되고 싶은 욕심이 없는 사람들이 물건에 대한 욕심을 가지고 산다. 물건에 대한 욕심은 우리가 부자가 되지 못하는 이유 중 하나이기도 하다. 부자들의 공통적인 습관은 절제하는 데 있다.

　절제하고 저축하는 습관은 물건을 쌓아놓는 일보다 우리 삶의 질을 높여줄 것이다. 물건은 집에 들어오는 순간 가치가 떨어진다는 것을 알아야 한다. 하지만 돈은 쌓아두면 도망가지 않는다. 물건을 쌓을 것인가, 돈을 쌓을 것인가는 각자의 소비패턴에 달려있다. 결국, 행복을 주는 것은 물건이 아니라는 것을 깨달을 때가 온다. 물건 쌓기는 이제 그만하고, 돈을 쌓아보면 어떨까. 돈을 쌓는 것이야말로 진정 행복한 미니멀 라이프의 끝이 아닐까 생각해본다. 물건을 사들이지 않는 습관, 그 돈을 저축하는 습관으로 바꾼다면 미니멀 라이프의 진정한 행복을 찾게 될 것이다.

사람의 마음은 절대 물건으로 채울 수가 없다

좋아하는 물건을 사고 행복한 기분을 얼마 동안 느낄 수 있다고 생각하는가. 끊임없이 쏟아지는 상품 속에 소비의 유혹은 멈추지 않는다. 브랜드는 꾸준히 사람들의 눈과 마음을 훔친다.

경제학자 댄 애리얼리(Dan Ariely)는 EBS 다큐프라임 〈자본주의〉에서 "우리가 사는 상업적인 세상은 당장 무엇을 하라고 강하게 유혹하지요. 지금 당장 사라고, 돈을 쓰라고 하는 유혹에 둘러싸여 살고 있지요. 온갖 전략을 동원해요"라고 했다.

같은 프로그램에서 쇼핑과학의 창시자 파코 언더힐(Paco Underhill)은 "저는 고객이 상품을 주목하도록 합니다. 음악 소리로 고객의 마음을 움직이지요. 상품을 볼 때 맛까지 느껴지게 합니다. 몸에 닿는 촉감도 느껴지게 하지요"라고 했다.

어쩌면 우리는 스스로 소비를 하는 것이 아니라 소비를 강요당하는 사회에 살아가고 있는지 모른다. 사는 것은 소비다. 우리가 매일 밥 먹듯이 하는 습관이 있다면 바로 소비하는 생활이다. 길들었던, 습관이 되었든 간에 소비하는 것은 무의식에 쌓인 수많은 광고에 노출된 경험이 있기 때문이다.

우리의 소비 행동은 95% 이상 무의식이 결정한다고 한다. 이러한 무의식적 소비행위에 있어서 가장 중요하게 작용하는 것은 바로 오감을 자극하는 마케팅이라고 할 수 있다. 사람들은 상품을 보고, 만지고, 냄새를 맡으면서 유혹된다. 서서히 기분이 좋아지기 시작하면서 무의식적으로 사고 싶다는 강한 유혹을 느끼는 것이다. 바로 이것이 우리의 말초신경 하나하나를 자극하는 오감자극 마케팅이라고 한다.

서울대 심리학과 곽금주 교수는 일단 사고 싶다는 욕망이 들면 그것을 의식적으로 합리화하는 과정이 발생한다고 했다. '아, 저거는 내가 필요한 거야, 내가 지금 가지고 있는 물건은 망가졌고 새로운 물건이 필요해, 저것이 있으면 나는 훨씬 더 일을 잘할 수 있어'라는 식의 여러 가지 합리화가 일어난다는 것이다. 내 의식이 무의식이 하고자 하는 소비를 점차 합리화를 시켜주면서, 결국 소비하게 하는 마케팅이 오감자극 마케팅이라는 것이다.

무의식적 소비의 대표적인 경우가 바로 '충동구매'다. 사고자 하는 마음이 전혀 없었는데도 물건을 보는 순간 욕심이 생겨 물건을 사 온 경험이 많이 있을 것이다. 무의식 속에 갇힌 소비패턴은 늘 비슷한 물건을 사게 한다. 비슷한 컬러, 비슷한 옷, 비슷한 액세서리 등. 이성적인 판단을 흐트러지게 만드는 것이 바로 무의식이다. 그렇게 쌓인 물건들은 과연 얼마나 만족감을 느끼고 살 수 있을까. 몇 시간만 지나도 시들해지는 기분을 가진 물건들도 있을 것이다. 그만큼 우리는 무의식 속에 소비패턴으로부터 조정당하며 살고 있다는 증거다. 어려서부터 그렇게 길들어왔기 때문에 쉽게 고쳐지지 않는 고질병처럼 쉽게 아물지 않는다. 채워도 채워도 만족스럽지 않는다면 비우는 방법을 익혀야 한다. '이제는 그만'이라고 외쳐야 한다. 무의식이 내 의식을 침범하지 않도록 깨워야 한다. 체면에 걸린 사람처럼 뭔가를 사서 집 안으로 들고 들어온다. 내가 왜 이걸 샀을까. 깨닫는 순간. 무의식에서 깨어나는 시간이다. 소비의 유혹은 그렇게 우리의 뇌를 속이고 물건을 사게 만든다. 현대사회는 소비를 부추기는 사회가 되었다고 한다.

　물건을 보면 사고 싶은 마음이 생긴다. 새로운 마케팅과 다양한 광고로 소비하는 뇌로 만들어버리는 것이다. 봇물 터지듯 넘치는 광고 홍수 속에서 살아남는 방법을 배워야 한다. 물건으로는 결코 마음이 채워지질 않는다. 마음을 채우는 일은 물건을 비울 때 비로소 채워진다는 것을 느낀다. 물건을 채운다고 마음이 풍성해질 거라는 것은 착각이다. 광고가 유혹하는 손길을 따르다 보면 마음이 따라간다. 따라가지 않는 방법은 각자의 소비패턴에 맡겨야겠지만 우리는 수많은 거짓 정보에 속아 넘어간다는 것을 기억해야 한다. 광고는 광고일 뿐이다.

소비를 부추기는 광고는 전문가 집단이 만들어낸 달콤한 유혹의 스토리일 뿐이다. 필요하다고 생각하는 것뿐만 아니라 필요하지 않은 물건인 것도 많을 것이다. 불필요한 것도 필요하다는 생각을 하게 만드는 것, 이것 또한 불필요한 물건임을 알아차려야 한다. 무의식이 시키는 소비 습관을 탈피하고 똑똑한 소비 습관을 길들이는 연습을 해야 한다. 물건을 사면 마음이 채워진다는 착각부터 벗어나야 하고, 결코 오늘 내가 사 온 물건은 나에게 필요 없는 물건임을 깨달아야 할 것이다. 대부분 그렇다고는 할 수 없겠지만, 아마도 절반은 필요 없는 물건일 것이다.

내가 이 글을 쓰면서도 마트에서 구매해 온 것들을 펼쳐보면 절반은 안 사도 되는 물건임을 깨닫게 된다. 궁금해서 맛을 본다던가 저렴하다고 사본다든가 하는 것들이다. 내 무의식에도 뭔가 자꾸 사고 싶다는 생각이 지배하고 있어 몽유병 환자처럼 돌아다닐 때도 있다. 그래서 마음이 풍족해졌는가? 절대 그렇지 않을 것이다. 이럴 때를 조심해야 한다. 마음이 무거울 때 우울하다고 해서 쇼핑을 하면 안 된다. 순간의 기쁨을 느낄 수 있는 달콤한 유혹이다. 기분에 빠져 소비를 부추기는 행동을 한다면 반드시 후회하게 될 것이다.

물건을 사면 스트레스가 풀린다고 생각하지 마라. 오히려 낭비하는 패턴만 반복하게 된다는 것을 알아야 한다. 기분에 마음을 주지 말고, 돈을 주지 말아야 한다. 기분을 정리해주는 것은 오직 정리와 청소뿐이다. 쇼핑해야 할 것 같은 날에는 일단 집으로 들어가자. 그리고 청소를 해보자. 그러고도 풀리지 않으면 그때 가서 생각해봐도 늦지 않는다. 원하는 물건을 산다고 해서 마음이 다 채워지지는 않는다. 물건을 사는 대신 아무것도 하지 않고 시간을 흘려보내보자. 삶의 패턴에는 높낮이가 있다. 항상 좋을 수만은 없고 항상 좋지 않을 수도 없다. 적당한 스트레스는 우리가 삶을 이겨내는 힘을 길러주기도 한다.

행복을 바란다면 물건을 채우지 말고 지식을 채워보자. 책을 읽으면 물건의 가치보다 더 소중한 가치를 깨닫게 되는 순간을 마주하게 된다. 물건을 덜 가질수록 마음은 홀가분해진다.

나도 미니멀하게 살고 싶다

미니멀 라이프가 한 때 유행처럼 붐을 일으켰던 적이 있다. 미니멀 라이프는 어쩌면 한시적 유행을 따르는 행동습관 중 하나일 수도 있다. 미니멀하게 살고 싶다는 생각은 하면서 행동으로 옮기지 못하는 사람들도 많을 것이다. 미니멀하게 산다는 것과 정리를 잘하며 산다는 것 그리고 무소유로 산다는 것, 조금씩 미니멀한 삶에 대해 개념을 다르게 가져갈 필요가 있다. 나의 미니멀 라이프의 시작은 무소유의 개념과 같았다. 법정 스님의 《무소유》를 읽고 소유하지 않는다는 개념을 처음으로 인식하기 시작했고, 가진 것이 없는 홀가분한 상태가 되면 마음도 홀가분해지지 않을까, 하는 생각에서 싹을 틔운 것이다. 무소유의 삶이란 것이 거대하게 느껴졌고 위대함으로 전달되었다.

뭔가를 소유하지 않는 삶. 20대였지만 무소유라는 것은 엄청나게 충격적인 패러다임으로 내게 다가왔다. 어쩌면 무소유의 씨앗을 가슴에 품었기 때문에 모든 것을 한 번에 버릴 수 있었던 계기가 생기지 않았나 싶다. 지금은 너무 오래되어서 책에 어떤 내용이 있었는지조차 기억이 나질 않는다.

20대에 읽었던 내가 좋아했던 몇몇 책들은 절판이 되어서 나오지 않는 것들이 많이 있다. 다시 찾아보고 싶은데 아마도 중고서점에 가서 찾아봐야 할 것 같다. 그중 하나가 법정 스님의 《무소유》다.

어느 블로그에서 〈무소유〉의 내용을 읽어 봤다. 거기에서 이런 글을 발견했다.

"크게 버리는 사람만이 크게 얻을 수 있다는 말이 있다. 아무것도 갖지 않을 때 비로소 온 세상을 갖게 된다는 것은 무소유의 역리이니까.

… (중략) …

우리가 필요 때문에 물건을 가지게 되지만, 때로는 그 물건 때문에 적잖이 마음이 쓰이게 된다. 그러니까 무엇인가를 갖는다는 것은 다른 한편 무엇인가에 얽매인다는 것이다. 필요에 따라 가졌던 것이 도리어 우리를 부자유하게 얽어맨다고 할 때 주객이 전도되어 우리는 가짐을 당하게 된다는 말이다. 그러므로 많이 갖고 있다는 것은 흔히 자랑거리로 되어 있지만, 그만큼 많이 얽히어 있다는 측면도 동시에 지니고 있는 것이다."

우리가 물건을 사는 이유는 잠재의식 속에 깊이 뿌리 박혀 있는 소유의 기쁨인 것이다. 뭔가 물건을 살 때 만족감, 기분 좋은 생각과 함께 잠시나마 소유욕에서 오는 쾌락을 즐길 수 있기 때문이다. 실제로 물건을 사고 그 기분 좋은 감정이 얼마나 오래 지속되는지 살펴보면 길어야 일주일이다. 물론 오래 가는 경우도 있겠지만, 대부분의 사소한 물건들은 박스를 뜯는 순간만 행복감을 느낀다. 어쩌면 박스를 뜯기 전에 그 박스만 바라보는 그 상태가 가장 행복한 상태가 아닌가 싶다. 우리가 여행을 떠나기 전에 여행 가방을 챙길 때 가장 들떠 있을 때처럼 말이다.

소유욕은 지금 삶에서 경쟁하듯 더 치열해지는 것 같다. 법정 스님이 말씀하신 것처럼 많이 갖고 있다는 것이 자랑거리가 되는 요즘 세상이다. SNS가 발달하면서 사람들은 너나 할 것 없이 자랑하기에 바쁘다. 이미 더 가지기 위해 부단히 애쓰는 세상이 되어 버렸다. 그 속에서 빠져나오기란 쉽지 않은 일이다. 그래서 어쩌면 한때 유행했던 미니멀 라이프가 잠잠해지고 봇물 터지듯 물건 자랑하기에 바빠진 삶으로 변화된 건지도 모른다.

어디로 갔을까. 미니멀한 삶을 살겠다고 외치던 사람들. 물론 어디에선가는 조용히 자기만의 미니멀한 삶을 사는 사람들도 많이 있을 테지만 물질만능주의가 자꾸 세상을 장악하고 있어 그 속에서 헤어나오지 못하고 있는 우리의 삶을 다시 한번 되짚어 볼 필요가 있다. 그래서 관련 책을 읽고 가슴에 새기는 일을 하지 않으면 잠재의식에 박혀 있는 소유욕의 불씨가 다시 활활 타오르고 있다는 걸 잊은 채 살아가게 될 것이다.

그런 의미에서 방송으로 만들어져 인기를 끌었던 〈신박한 정리〉는 새로운 정리에 대한 패러다임을 보여준 좋은 프로그램이었다. 방송을 보고 많은 사람이 정리에 대한 개념을 배우기도 했지만 많은 물건이 집 안에 쌓여 있는 것조차 인지하지 못하고 있는 사람들까지도 분명 깨달음을 얻게 되었을 것이다. 방송의 힘은 대단하니까. 중고시장의 거래가 더 활발히 움직이게 되었고, 필요 없는 물건을 내다 파는 사람들도 많이 늘어났다.

지금도 생산자는 더욱 새로운 것을 만들기 위해 노력하고 소비자는 누구보다 재빠른 선택을 위해 눈에 불을 켜고 물건을 찾으러 다닌다. 물건으로 얽히고 얽히는 세상이다. 물건이 하나 집 안에 들어오면, 그만큼 물건과 얽히는 세상을 맺는 것이다. 세상과 얽힌 물건과 이별할 때 비로소 풀리지 않은 실타래가 풀릴 것이다. 거미줄처럼 연결된 물건과 나를 연결해보자. 연결된 가느다란 끈은 손

가락 하나만 까딱해도 끊어낼 수 있다. 하나씩 끊어내다 보면, 답답했던 마음도 시원하게 뚫릴 것이다. 고민하고 있던 문제들도 해결되는 마법의 힘을 느낄 것이다. 비움으로써 가벼워지는 삶을 한 번쯤은 경험해보고 싶지 않은가. 미니멀 라이프를 추구하면서도 완벽한 미니멀 라이프를 실행하지는 못한다. 버리고 채우고, 또 버리고 채우고. 거미줄을 치고 끊어내고, 또 치고 끊어내고. 인생의 수레바퀴처럼 돌고 도는 것이다. 아직도 내려놓을 것이 많다는 걸 안다. 끊어내지 못하는 것들은 자의든 타의든 있기 마련이다.

물건을 하나 들여놓을 때마다 옆에서 잔소리꾼은 이렇게 말한다. "미니멀 라이프의 삶을 살고 있는 것이냐고?" 물질문명에 살고 있으면서 물건을 사지 않고는 살 수는 없다. 단, 때에 따라 버릴 줄도 알고 필요하면 또 살 수 있는 것이다. 단지 그런 물건들과 얽혀서 힘겨운 삶을 살지 말라고 하고 싶을 뿐이다.

법정 스님의 말씀처럼 크게 버리면 크게 얻을 수 있다는 말을 다시 한번 상기시켜보자. 얻을 것이 있다면 반드시 버려야 하는 것도 있음을 명심해야 한다. 무조건 가지고 있는 것만이 최선이 아니라는 것이다. 우리는 빈손으로 왔기 때문에 빈손으로 가야 함을 알아야 한다. 힘들게 돈 벌어서 다 어디로 나가는 걸까. 신용카드 명세서는 우리가 정신없이 사대는 물건값으로 빼곡하다. 물건이 나에게 주는 작은 행복도 물론 있다. 많이 가져봤다면 물건이 주는 행복보다 비움의 행복이 어떤 것인지도 알기를 바라는 마음이다.

어린 시절 법정 스님의 《무소유》를 읽으며 잠시나마 깨달음을 알아챘었다는 것을 오랜만에 기억해냈다. 갖지 않는 삶을 추구하자고 절약과 절제하는 습관을 몇 년을 이어간 적도 있었지만, 세월은 다시 내 안의 소유욕을 끌어냈고 나는 악마와의 싸움에서 결국 져버렸다. 다시 찾은 내 안의 무소유에서 더 빛을 내며 살고 싶은 나의 미니멀 라이프는 이제부터가 시작일지도 모른다는 생각이 들었다.

무소유는 소유하지 않는 삶이다. 미니멀 라이프가 하고 싶은 이유는 물건으로부터 자유로워지고 싶기 때문이다. 없어도 되는 물건을 떠안아가며 인생의 짐을 만들고 싶지 않을 뿐이다. 정리의 차원을 떠나 아무것도 갖지 않는 삶을 꿈꾼다. 정리하는 것보다 어려운 것이 무소유지만, 정리가 끝나면 무소유의 경지에 이르는 삶도 한번쯤 살아보고 싶다. 지금은 그렇게 살기에는 아직은 적잖은 것들이 필요하다. 덜어내고 또 덜어내도 먼지처럼 어느덧 쌓이는 물건과의 전쟁은 끊임없이 이어진다. 내 삶도 늘 미니멀하지 않다는 것을 깨달으며, 매일매일 외친다. 나는 미니멀하게 살고 싶다고. 당신도 충분히 미니멀하게 살 수 있다.

최근 일본 작가 후데코(筆子)가 지은 《사지 않는 생활》이라는 책을 읽고 있다. 정리, 절약, 낭비 문제를 즉시 해결해주는 비법을 말해주고 있다. 나의 비법 중 하나는 사지 않고 구경만 하는 것이다. 오프라인 매장에서 직접 보는 것만으로도 충분히 내 것처럼 느낄 수 있다. 내 물건이 우리 집에 없고 그곳에 잘 있다고 생각하면 된다. 충동구매를 하지 않는 방법은 물건을 보고 바로 사지 않는 참을성을 기르는 것이다. 사실 충동구매로 어처구니없이 물건을 샀다면, 그 물건은 가장 필요 없는 물건이다. 비법에 대해서는 다른 장에서 다시 한번 언급해보려 한다.

단순해지는 것은 결코 단순한 것이 아니다
최소한의 삶, 비움의 시작

인생을 살아가는 것은 각자의 몫이다. 선택은 자신에게 있고 기회도 스스로 만들며 살아가게 된다. 선택할 때 비용이 들어갈 수도 있다. 돈이 들어가면 선택은 더 중요하게 느껴진다. 하루에도 수많은 선택을 하며 보낸다. 그 선택 속에는 나 자신이 가야 할 방향이 수천 갈래로 펼쳐지기도 한다. 지금 당신이 있는 그 자리가 모두 당신이 선택하며 살아온 결과다. 선택은 스스로 해야 하지만, 선택의 방향을 잡아주는 많은 것들 또한 만나게 된다. 당신이 누구와 함께 있고, 무슨 책을 읽고, 어디서 무슨 일을 하느냐는 자신의 인생을 어디로 데려다줄 것인지 그 상황에 분명 나타날 것이다.

내가 지금 오십 살이 넘은 나이에 다시 회사에 다니게 된 것도 나의 선택이었지만 기회가 있었기에 잡을 수 있었다. 뭔가를 바라며 내가 끊임없이 멈추지 않고 했던 것은 청소와 정리뿐이었다. 그렇게 비움의 공간을 만들면서 내 삶은 더욱 풍요로워지기 시작했다. 해도 해도 끝이 보이지 않던 정리는 끝이 보였고, 돈벌이가 궁색했던 나에게 뜬금없는 연락이 오기도 했다. 간절히 원하는 것을 나는 비움으로 실천했다. 모든 것이 비워져 갈 때 멀리서 좋은 소식을 안고 걸어오던 소식은 한걸음에 달려와 기쁨을 안겨줬다. 마치 내가 원하던 그 순간에 와줬으면 할 때였다. 간절함은 로또에 당첨되게 해달라고 비는 마음이 아니다.

살면서 간절함을 느껴본 적이 있는가. 사랑하는 사람에게서 연락이 없을 때 간절히 그 사람을 기다려 본 적이 있을 것이다. 그런 것이 간절함이다. 간절함은 마음이 통하는 일이기도 하다. 가장 쉽게 이루어지는 텔레파시인 것이다. 그렇게 기다리던 사람의 연락은 간절함을 통해 이루어진다. 마법처럼 말이다. 마음으로 움직일 수 없는 것은 주변의 에너지를 이용하는 것이다. 20년이 넘도록 실천하면서 깨달은 나만의 방식이기도 하다. 최소한의 삶으로 돌아가려는 마음을 먹을 때 주변을 정리하게 되고 불필요한 물건들을 버리게 된다. 비움의 시작은 기회의 시작이다. 기회는 내가 알아채지 못하는 곳까지 왔다가 사라져 버린다.

기회가 올 때는 좋은 것만으로 오지 않는다. 안 좋은 소식을 함께 데리고 오기도 한다. 안 좋은 소식은 나에게 온 불행을 가져다주는 것만이 아니라 기회라는 것을 의식하며 살아야 한다. 안 좋은 소식을 듣고 기분 좋을 사람은 없다. 그것이 기회라는 것을 깨닫는 것도 그 상황에서는 생각할 겨를도 없을 것이다. 그러나 생각을 바꿔야 한다. 당신에게 불운이 닥쳤다면 그것은 기회가 오는 징조다. 기회는 쉽게 오지 않는다. 살면서 터득한 것이 하나 있다면 나의 모든 상황은 기회였다는 것이다. 우리는 지금도 수많은 기회를 접하며 살고 있다. 멈춰 있는 생각을 깨우는 것은 기회다. 기회라는 것은 평소에 생각하지 않는 단어다. 삶이 정체되어 있다면 기회가 온 것을 전혀 모르고 지나치고 말 것이다. 정체된 에너지를 가지고 살수록 기회는 엿보는 존재로만 맴돌고 있다는 것을 알아야 한다.

최소한의 삶이라는 것은 현재에 안주하지 않는 삶이다. 매일 똑같은 일상을 수십 년간 살아온 당신에게 변화가 필요한 때다. 좀비처럼 출퇴근하고, 똑같은 비행기 타고 잠시 옆 나라 구경하러 가고, 다시 제자리에 돌아와 남의 뒷담화만 나누는 그런 일상에서 이제는 그만 벗어나라고 말하는 것이다. 그저 좋은 집에서 살고 좋은 차를 타기 위해서 돈을 벌고 있는 거라면, 인생의 마지막에 무슨 생각을 하며 죽을 것인가. 잘 살았다고, 이제 죽어도 여한이 없다고 생각하며 눈을 감을 것인가.

많은 사람이 아무 목표도 없이 목적 또한 갖지 않은 채, 아침에는 눈을 뜨고 저녁에는 눈을 감으며 살고 있다. 자신이 하고 싶은 것이 무엇인지조차 생각하기를 싫어한다. 하고 싶은 것도 없으면서, 회사에서 하기 싫은 일을 하면서 스트레스받고, 사는 것은 즐긴다. 왜? 회사는 돈을 주는 곳이니까. 철밥통처럼 껴안고 있으면 아무리 스트레스를 받더라도 꼬박꼬박 돈은 나오기 때문이다. 자기만족도 없이 돈의 노예가 되어 한평생을 일하게 된다면, 인생이 너무 슬프지 않을까. 최소한의 삶을 생각할 때 우리는 조금 내려놓는 삶을 살 수 있다. 그것이 무엇인지는 스스로 깨달아야 한다.

비움의 시작은 생각의 시작이다. 생각하지 않는 삶은 세월에 나를 맡기는 것과 같다. 세월이 나에게 주는 것은 주름과 쇠퇴하는 근육뿐이다. 그렇게 세월에 자신을 맡기고 산다면 죽기 전에 가장 후회를 많이 한다는 그 사람들이 될 것이다. 하고 싶은 것을 하지 못하고 산 것을 후회한다고 아무리 이야기해줘도 죽기 전까지 깨닫지 못하는 인생이 될 것이다.

누구보다 하고 싶은 것이 많아 소소한 것들을 많이 하며 살았다. 그것들로 크게 성공하지는 못했지만, 이제는 진정으로 내가 무엇을 하고 싶은지 찾았고 목표를 설정했다. 목적을 가지고 사는 인생은 시간 낭비를 하지 않는다. 죽기 전 후회하지 않으려면 목표를 세워야 한다. 완벽한 비움으로 풍요로운 삶을 채우는 것이다.

이 책을 출간하고 작가가 되기로 마음을 먹었고 책을 쓰고 있다. 하고 싶은 이야기가 많다. 20대부터 꿈꿔왔던 에세이 작가의 막연한 꿈을 이제 시작해보려고 한다. 왜 그렇게 오랜 세월이 지나서야 가지고 있던 꿈을 꺼냈을까. 왜 진작 그런 생각을 하지 못했을까. 혹시 잊고 있는 꿈이 있다면, 아직도 가졌던 꿈에 도전하지 못했더라면 그 꿈을 이루기에 늦지 않았다고 깨우쳐주고 싶다. 실행하지 않으면 아무것도 이룰 수 없다. 목표를 이루기 위해 방법을 찾아 나선다면 온 우주가 나서서 찾아줄 것이다.

꿈을 찾기 위해 용기를 가져야 한다. 단순하게 산다는 것은 자신이 하고 싶은 일을 하며 사는 일이다. 생각 없이 살라는 이야기가 아니다. 내 몸이 스스로 하고 싶은 일을 할 때, 편안함을 느끼고 생각도 정리가 잘된다. 우리는 너무 복잡한 마음을 가지고 살고 있다. 하기 싫은 일을 하기 위해 매일 아침 눈을 떠야 하고 옷을 갈아입어야 하고 가기 싫은 곳으로 향하며 살아가고 있는지 모른다. 일상의 루틴은 마치 개미가 식량 비축을 위해 열심히 일하는 모습과도 같다. 다른 사람들은 무엇을 하며 사는지조차 관심이 없다. 가끔은 눈을 돌려 세상의 모습을 관찰하는 법도 배워야 한다. 쏟아지는 신문물과 SNS 속 사진에서 벗어나 타인의 이야기에 귀 기울여 보는 것도 나쁘지 않다. 세상에는 다양한 삶의 방식으로 살아가는 사람들이 많기 때문이다. 젊다고 생각할 때가 가장 좋은 시기다.

나이 들면 점점 용기도 나지 않을 것이고 은퇴 후 생각한다면 너무 늦을지도 모른다. 은퇴 후 남겨진 시간을 연금에만 의존하며 산다면 그 긴 시간 동안 아무리 여행하며 즐기고 산다고 한들 진정한 삶의 의미를 찾지 못할 것이다.

　자신이 하고 싶은 일을 찾는 일, 내 가슴이 시키는 일을 할 때 모든 것은 단순해지기 시작한다. 내려놓아야 할 것이 무엇인지 알게 되고 정리해야 할 것들이 무엇인지 눈에 보이기 시작할 것이다. 정리되지 않는 삶은 내가 가야 하는 방향마저 정리되지 않은 채 아무 곳으로 흘러가게 된다. 그렇게 흘러간 시간의 끝은 지금 자신이 있는 그곳이다. 그곳에 만족하며 살고 있다면 훌륭한 삶을 사는 것이다. 그렇지 않다면 항해의 목적지를 다시 잡아야 할 것이다. 다시 잡고 순풍에 돛을 단 듯 순조롭게 가야 한다.
　단순해지는 것은 결코 단순한 것이 아니다. 마음이 할 수 있는 일을 찾는 일이야말로 단순하게 살 수 있는 길이다. 하고 싶은 일을 하며 산다는 것은 축복받은 일이다. 이 책을 읽는 당신은 그 길을 찾아 나설 때가 온 것이다.

2장

버리면 비로소
보이는 것들

컬렉션보다 셀렉션을 늘릴수록
집 안이 아름다워진다

컬렉션 하는 취미가 있는가. 어렸을 적 많이 해봤던 것쯤 하나가 아마도 우표와 크리스마스실(Christmasseal)이 아닐까 생각된다. '라떼' 세대라면 우표를 붙이고 엽서를 보내거나 편지를 보내본 경험이 있을 것이다. 이 책을 읽는 연령대라면 분명 그렇다. 우표를 사 모으기 위해 우체국 앞에서 기다려 본 사람도 있을 것이고 예쁜 크리스마스실을 사기 위해 발을 동동 구르던 때도 있었을 것이다.

크리스마스실은 성탄절 전후 결핵 퇴치 기금을 모으기 위해 시작되었다. 1904년 덴마크에서 성탄절 그림판매에서 시작되었고 1907년 미국에서 복십자 마크를 붙여 공식판매하기 시작했다. 한국에서는 1953년 창립된 대한결핵협회에서 본격적으로 제작과 판매를 시작했다고 한다. 학창시절에는 의무적으로 샀던 기억도 난다. 예쁜 그림이 있으면 따로 사 모았던 기억도 있다. 그 이후로는 한 번도 크리스마스실을 구매해본 적이 없다. 요즘에도 크리스마스실은 꾸준히 나오는 것으로 알고 있다. 우표는 우편을 보낼 때 필요해서 많이 샀던 것 중 하나였고, 다양한 우표 시리즈가 나오면서 우표를 수집하는 컬렉터들도 늘어났다. 나는 컬렉션 하는 취미까지는 가지 않았으나 우편엽서나 편지를 보내기 위해 많이 사 모았던 기억이 난다. 라디오 방송국에 사연을 보내거나 신청곡을 보내기도 참 많이 했다. 그때 필요했던 것은 늘 우표였다.

집 안에서 정리가 가장 안 되는 물건은 바로 컬렉션이다. 좋아하는 물건을 사 모았기 때문에 쉽게 버릴 수가 없기 때문이다. 이것을 어떻게 쉽게 정리하라고 말할 수 있을까. 분명 수많은 것 중에는 우리가 선택할 만한 것들이 존재할 것이다. 베스트를 뽑는 일이다. 구색을 갖추기 위해 진열된 품목들도 있을 텐데 그것들부터 빼보자. 시간이 지날수록 가치를 더하는 물건이 있는가 하면 유행에 맞지 않거나 트렌드에 뒤처져 쓸모없게 된 것들이 있다. 많이 뺄 필요도 없다. 많이 모으는 것이 중요한 것이 아니다. 좋아하는 마음에서 멀어지면 과감하게 정리한다. '조금씩 빼기' 습관을 지니는 것이다.

음악 듣는 것을 좋아해 음악 CD를 모았던 나는 중고마켓에 올려 정리를 하고 있다. 음악도 새로운 것이 계속 나온다. 오래된 음악을 꾸준히 들을 수 있는 명반이 있는가 하면 유행이 지나서 듣고 싶지 않은 노래들도 있다. 그리고 음악도 취향이 바뀐다. 샹송을 아무리 좋아했어도 지금은 잘 듣지 않는다. 20~30대에는 음악이 전부인 것처럼 좋아했다. 컬렉션 하는 마음으로 보관하고 있지만, 진정 좋아하는 가수 이외의 것들은 모두 정리 중이다. 정리할 수 있는 컬렉션은 이제 셀렉션으로 바꿔보자. 그러면 물건의 절반은 확 줄일 수 있다. 정리하는 일도 상당히 귀찮은 일이다. 특히 음반의 경우는 장르, 가수, 앨범 등 구분할 것들이 많아 정리해서 올리는 데만 시간이 꽤 걸린다. 어떤 지인은 명품 가방 컬렉션을 오랫동안 해왔다고 한다. 그런데 요즘 너무 집이 엉망이 되어서 정리가 안 된다며 어떻게 해야 할지 모르겠다고 했다. 내가 직접 가서 정리를 도와주려고 했더니 그건 또 안 된다고 한다. 혼자서 정리해야 한다면서, 매일 미루고 있다.

아직도 미루는 중일 것이다. 왜 이렇게 미루게 되는지는 나도 대충 안다. 우리는 미루기 전문가로 태어났기 때문에 바로 시작하는 힘은 스스로 터득하며 배워야 한다. 가르쳐줘도 못하는 것이 바로 지금 실행하는 것이다. 미루기가 몸에 배어 있기 때문에 지금 당장 하는 것을 힘들다고 생각하다. 그렇게 미루고 미루다 보면 끝나는 날은 오지 않는다. 무엇인가를 마음먹었을 때는 당장 해야 한다. '칼을 뽑았으면 무라도 썰어야 한다'라는 말도 있지 않은가. 마음을 먹고 실행이 안 되는 것은 시작할 용기를 내지 못하기 때문이다. 나는 음악 CD를 4년째 정리 중이다. 왜 그렇게 더디게 정리하냐고 물으면 나도 할 말은 없다.

미루기병을 고치고 싶다면 다음 책을 추천한다. 중국 작가, 리스창(李世强)이 쓴《미루는 습관 극복하기》다. 우리가 미루는 사소한 것들은 대부분이 비슷하다는 것에 깜짝 놀란다. 아니 어쩌면 똑같은 사람이기 때문에 비슷한 미루기병을 가지고 있는지도 모른다. 미루기병은 예쁘게 피어나는 꽃들 사이에 핀 잡초와도 같다. 잡초를 뽑지 않으면 꽃도 오래 피어 있지 못하고 보기에도 좋지 않다. 최근 나는 미루는 것에 온갖 변명과 핑계를 대고 있다는 사실을 깨달았다. 결국은 미리미리 하지 않고 미루는 탓에 중요한 약속마저 틀어져 버렸던 경험이 있다. 생각해보니 미루기 때문에 사람과의 관계도 서먹해진 경우도 있다. '이따가'는 평생 오지 않는다. '이따가'는 미루기 대장이 제일 좋아하는 말이다. 리스창의 책을 읽으면, 읽은 후 당장에 미루고 있던 일들을 실천하는 경이로움이 일어날지도 모른다.

음악 CD는 쓰레기통에 넣어 버리기에는 아깝고 마땅히 기증할

곳을 찾지도 못했다. 한 장씩 중고마켓으로 올려 거래를 하는 것은 시간을 오래 잡아먹는다. 어쩌면 내 마음 가장 깊은 구석에도 완전히 못 버리는 마음이 자리하고 있는지도 모른다. 그래도 셀렉션은 하자. 어차피 몸이 떠나면 같이 갈 수도 없다. 결국은 나를 붙잡는 것이 될지도 모르기 때문이다. 당신은 지금 무슨 컬렉션을 하고 있는가. 나도 셀렉션이 힘들긴 하지만, 그렇다고 좋아하는 것을 무작정 버리라고 할 수도 없는 노릇이다.

셀렉션은 이렇게 해보자. 자신이 가장 좋아하는 것은 설렘이 가득하다. 함부로 쉽게 떠나보낼 수 없다. 시간을 두고 하나씩 정리해보는 것이다. 나의 시작은 중고거래 사이트에 올리는 것이었다. 시간은 걸리지만 가장 안정적으로 마음 편하게 정리할 수 있는 곳이다. 소중한 것을 떠나보낼 때는 소중하게 건네져야 한다. 설렘을 줄 수 있는 곳으로 갈 수 있게 조금의 노력은 해야 한다. 귀찮은 일인 줄 알지만, 그 방법이 가장 좋다. 순위를 정하고 먼저 떠나보내야 할 것들을 우선으로 한 개씩 정리하다 보면 어느덧 정리되고 있다는 것을 느낄 것이다.

좋아하는 것을 판매한다는 것. 음반유통 시장에서 일할 때 나의 꿈은 레코드 가게를 차리는 것이었다. 그 당시에는 1억 원 정도만 있으면 가게를 차릴 수 있을 정도였지만, 지금은 사양 산업이 되어

버렸다. 1억 원이라는 가치도 예전만 못하다.

물건을 판매한다는 것은 재미있는 일이다. 그래서 중고거래에 재미를 붙였는지도 모른다. 중고거래에 재미를 붙이면 물건을 정리하는 데 많은 도움이 된다. 즐거움도 생기고 물건도 정리되니 일거양득의 효과를 보는 셈이다. 가치가 있는 것일수록 거래는 잘되기 때문에 판매하는 재미도 생긴다. 셀렉션 해서 좋아하는 몇 가지만 남기는 일은 더욱 소중하고 가치가 있다. 이제 더 이상 구색 맞추기에 애쓰지 말고 필요한 것만 모아두자.

물건으로부터 진정으로 자유로워지는
행복한 순간

물건을 정리하고 싶은 순간은 어느 때인가. 바로 어디론가 떠나고 싶을 때다. 어느 유튜브에서 본 내용이다. 부부가 미니멀 라이프의 삶을 살기 위해 집을 정리하고 캐리어 두 개만 들고 제주로 여행을 떠났다고 한다.

아무리 작은 집에서 살았더라도 짐을 모두 정리하고 삶에 필요한 짐을 어떻게 캐리어 가방 두 개에 담을 수 있었을까 상상해봤다. 나는 일단 그렇게 미니멀한 삶에 도전하는 부부가 굉장히 부러웠다. 내 미래의 미니멀한 삶은 아무것도 갖지 않는 삶이다. 그런 삶을 추구하면서도 지금은 뭔가를 자꾸 사들이고 또 줄이고를 반복하며 살아간다.

과연 캐리어 안에 들어간 물건들은 무엇이었을까 궁금했다. 그리고 내가 미니멀한 삶을 살기 위해 캐리어 안에 무엇을 담으면 좋을까 생각해봤다. 옷, 아이패드, 휴대전화, 안경, 충전잭 끝. 정말 이렇게 간단할 수가. 지금 내가 가방 안에 가지고 나온 물건 전부다. 이것만 있으면 어디든 떠날 수 있을 것 같다. 어쩌면 우리는 너무 많은 불필요한 것들을 가지고 살고 있는지도 모른다. 삶의 풍요로움이라는 것이 물건의 더 많은 소유인지도 모른다. 어디론가 떠날 수 있는 자유를 느낄 때 우리는 버릴 수 있는 힘이 솟아난다. 물건이 많으면 내가 있는 자리에서 일어나 멀리 갈 수가 없다. 그 물건들이 나를 붙든다. 내가 어디를 갈 수 없게 만든다. 우리가 여행을 떠나면 집으로 돌아가고픈 마음이 드는 것은 바로 물건의 끌어당김이다. 집에 있는 것을 좋아하는 사람은 더욱 물건에 집착하는 사람이다.

　태어날 때 빈손으로 태어나 흙으로 돌아갈 때도 아무것도 가져가지 못한다. 그런데도 우리는 끊임없이 뭔가를 사들이고 집 안에 물건들을 가득 채운다. 살기 위해서는 필요한 것들은 존재한다. 먹어야 하고, 입어야 하고, 거주할 수 있는 집이 필요하다. 지금은 삶의 기본적인 의식주만을 가지고 살지 않는다.

　나는 지금 서울과 제주를 오가지만 지금 내가 어디에 있든지 집

하나를 선택해야 한다면 둘 중 어느 것이든 통째로 포기할 수 있다. 통으로 버려봤기 때문에 버리는 것에 대한 미련은 없다. 물론 집 안에 비싼 물건이 없으니 쉽게 포기할 수 있을지도 모른다. 소중한 것은 값비싼 물건이 아니라 마음이다. 홀가분한 마음. 홀가분한 마음은 깃털처럼 가벼운 마음과 같다. 걱정도 없고 두려움도 없는 평온한 상태다. 우리는 가벼운 마음을 찾기 위해 노력해야 하고 그래야만 안정적인 삶을 얻을 수 있다.

회사에서 받는 스트레스, 부부의 갈등, 아이들과의 스트레스, 부모님과의 스트레스, 친구들과의 스트레스 등 우리는 어디서 닥쳐올지 모르는 다양한 스트레스에 노출되어 있다. 스트레스를 풀기 위해 다양한 취미활동도 하고 여행을 떠나기도 한다. 하지만 정작 취미활동을 멈추고 여행에서 돌아오면 똑같은 일상을 반복하며 산다. 잠시의 스트레스 해소는 해소가 아니다. 스트레스를 풀기 전에 홀가분한 마음을 만들면 스트레스도 쌓이지 않고 평온한 삶을 유지할 수 있다.

그것은 물건을 정리하는 데서 시작된다. 물건을 정리하고 청소를 하고 주변 환경을 깨끗이 유지할수록 좋은 일이 생기고 스트레스를 덜 받은 환경이 만들어질 것이다. 풍수에서는 집 안의 인테리어를 어떻게 하느냐에 따라 다양한 운을 만들어낼 수 있다고 한다.

정리도 힘든데 풍수까지 따라 하기란 더욱 쉽지 않다. 하지만 간단한 방법이 있다. 바로 청소다. 주방을 깨끗이 유지하는 것, 현관을 깨끗이 유지하기 등 기본적인 청소만 잘해도 물건으로부터 지배당하는 느낌은 받지 않는다. 먼지를 잘 쓸고 반짝반짝 잘 닦는 것만으로도 스트레스받지 않는 환경을 만들 수 있다.

풍수의 달인 안종선 작가는 저서 《풍수 인테리어 운명을 바꾼다》에서 이렇게 말했다.

"깨끗한 현관은 기의 출입구로 가장 깨끗해야만 한다. 현관이 어지럽혀져 있거나 신발이 불규칙하게 놓여 있다면 건강에 악영향을 줄 뿐만 아니라 가족 간의 의견 대립이 일어난다. 현관을 어지럽히는 것은 집에 들어온 복을 쫓아내는 것이나 같다. 특히 현관에 내다버릴 쓰레기 봉지나 재활용품을 쌓아두면 가장이 구설수에 휘말릴 수 있다. 현관에 잡다한 물건들이 쌓이면 근본적으로 기가 정체되거나 나쁜 기운으로 변하게 된다."

집 안에서 우리가 가장 신경 쓰고 살아야 할 곳은 바로 현관이다. 현관의 물건만이라도 무조건 깨끗하게 정리해야 한다. 현관에 들어서면 가장 먼저 보이는 것이 신발이다. 신발은 먼지를 털고 가지런히 두어야 하며 신발장 안에 신발도 신지 않는 신발, 오래된 신발 등은 버리는 것이 좋다. 더러운 먼지가 묻은 채로 신발장 안에 방치되어 있다면 안 좋은 냄새와 함께 안 좋은 에너지를 만들 것이다. 그 에너지는 우리와 직접 연관되어 흐름을 방해할 것이고 스트레스로 이어질 것이다. 잠시 풍수 이야기를 꺼냈지만 미니멀한 삶은 풍수와 깊은 관계가 있다.

캐런 킹스턴이 쓴 《아무것도 못 버리는 사람》의 부제는 풍수와 함께하는 잡동사니 청소다. 이 책에서 킹스턴은 '에너지가 침체될 때 잡동사니가 쌓이며, 마찬가지로 잡동사니가 쌓일 때 에너지가 침체된다. 따라서 잡동사니가 쌓이기 시작할 때는 뭔가 우리의 삶에 문제가 생겼다는 뜻이다. 또한 잡동사니는 쌓이면 쌓일수록 정체된 에너지를 불러오기 때문에 곧 그 자체가 문제가 되고 만다'라고 했다. 또한 '성공적인 인생이 되기를 원한다면 우리가 몸 담고 있는 두 공간, 즉 집과 일터의 생명 에너지의 흐름을 유연하게 만드는 것이 중요하다. 풍수는 에너지의 흐름을 개선시키는 여러 가지 방법을 알려주는데, 그중에서도 공간정리는 가장 효과적인 방법 중의 하나다'라고 썼다.

풍수와 공간에 대해 관심이 있다면 이 책을 추천한다. 내 인생을 송두리째 바꿔놓은 책이다. 20년간 미니멀 라이프를 추구할 수 있게 만든 인생역전의 책이라고 말하고 싶다.

물건과 공간의 개념을 잘 정리하고 이해하면 삶의 이로움이 된다는 걸 직접 경험할 수 있을 것이다. 공간을 깨끗이 유지할수록 행복은 멀리 달아나지 않을 것이고 물건에서 벗어날수록 홀가분한 인생으로 자유롭게 떠날 수 있게 된다. 많은 욕심을 부리지 않고 필요한 것만 가질 줄 아는 현명한 지혜를 깨닫는 것은 쉽지 않은 일이다. 그럼에도 미니멀한 삶을 추구하고자 한다면 비우는 습관을 조금씩이라도 가져보자.

비어있는 것만으로도 아름답다

    집 안에 물건이 쌓이고 있다는 것을 의식하지 못하고 살게 되는 경우가 있다. 어쩌면 바쁘게 살고 있다는 증거일지도 모른다. 우리는 바쁘게 살고 있을 때 정리를 하는 것을 잊고 사는지도 모른다. 바쁘다는 것은 그만큼 에너지가 넘치고 활력을 가지고 있는 상태인 것이다. 어쩌면 행복은 그 속에 이미 숨어 있어 발견하지 못하고 있을 수도 있다. 제주에 내려와서 한동안 정신없이 바쁘게 지냈던 날들이 떠오른다. 그때는 하던 사업이 잘되고 있을 때였다. 고객이 불만을 말해도 기분이 나쁘지 않았고, 화장실 청소를 하는 것도 즐겁게 할 수 있었다.

    그런 때는 삶 자체가 행복한 순간인 것이다. 부자가 되는 것도 아닌데 일이 즐겁고 소소한 돈에 만족을 느끼며 살아가는 것만으로도 편안함을 느낄 수 있었기 때문이다. 그렇게 살다 보면 내가 어느덧 물건 더미에 살고 있다는 것을 잊게 된다. 한동안 그렇게 물건을 열심히 채우며 살았던 때를 돌아봤다. 어쩌면 새로 시작하는 일이었고 비어 있었기 때문에 채우는 일이 신이 난 걸지도 모른다. 우리의 삶은 비우고 채우기를 반복하는 인생이다. 비어 있는 숙소에 가구와 가전을 채우고 손님을 맞을 이불과 베개를 채우고 필요한 것들을 채우는 것은 당연히 해야 할 일이라고 생각한다. 나를 위해 채움이라는 것보다 손님을 위한 채움이었다.

채움은 그렇게 시작되지만, 나의 욕심이 그 공간을 더욱 채움의 채움으로 쌓을 때도 많았다. 손님들은 채워진 공간을 좋아한다. 미니멀 라이프는 극히 개인 취향이 강하다. 사진으로 보이는 공간에는 뭔가 채움으로써 가꿔야 사람들이 좋아한다. 미니멀하면서 멋스러워 보이려면 그것만큼 어려운 숙제가 없다. 그래서 나는 제주답고, 제주느낌이 폴폴 나는, 아무것도 꾸미지 않아도 그 자체로 감성 가득했던 민박집이 좋았다. 어쩌면 그 집이 좋아서 제주로 가는 용기가 생겼는지도 모른다. 오래된 나무로 만들어진 마루와 손에 침을 묻혀 구멍을 뚫으려 하면 뚫리는 한지로 붙인 나무 창살의 종이 문이 좋았다.

아무것도 없어도 그저 빈방이 아름다워 보였던 성읍민속마을에서나 볼 수 있었을 법한 오래된 느낌의 제주 가옥이 참 마음에 들었었다. 어쩌면 내 잠재의식 속에는 그 집이 아직도 박혀 있는 것 같다. 그런 집은 그 자체로 무엇을 꾸밀 수가 없다. 없는 것이 더 멋진 집이기 때문이다. 요즘처럼 잘 지어진 오피스텔이나 아파트는 비워진 채로는 멋이 느껴지지 않는 게 당연하다.

그래서일까? 지금 제주와 서울을 오가면서 서울에 얻은 작은 오피스텔에는 비어 있는 것이 자꾸 허전하게만 느껴져서 자꾸 뭔가를 채워 넣게 된다. 너무 없으면 휑하고 춥게 느껴진다. 글을 쓸 수 있는 공간만 있으면 된다고 생각했지만, 자꾸 이것저것 쌓이고 있다. 비어 있어 아름다운 집을 꾸미는 일은 행복하다. 최근 제주 집을 리모델링하면서 공간을 많이 비워뒀다.

새로운 물건을 사서 채우는 것은 없고 가지고 있던 것들로 공간을 재배치하며 꼭 필요한 것들만 놓았다. 중고로 내놓았다가 팔리지 않은 콘솔을 창고에서 꺼내오기도 했다. 말이 창고지만 나의 아틀리에 공간에서 가져온 것이다. 없앴던 TV도 놓았다. 숙소를 몇 개 정리하면서 남게 된 거라 가끔 영화라도 보게 될까 싶어 갖다 놨다. 그리고 침대 옆으로 칸막이를 대신할 책장 두 개를 놓았지만, 그 안에 꽉 차 있던 음반이나 책들은 남편이 모두 정리해줘서 내가 빈 채로 사용하고 있다. 비어 있는 것만으로도 멋이 되는 앞뒤가 뻥

뚫린 책장이다. 가구지만 제 역할을 꼭 할 필요는 없다. 빈 책장을 칸막이로 사용하니 침실도 안정되고 공간 분리에도 아주 효과적이다. 책장에 딸린 4개의 서랍도 모두 비웠다.

　서랍에는 뭔가를 반드시 채워야 한다는 고정관념을 깨고 싶었다. 저녁에 잠이 안 올 때면 볼 수 있는 책을 한 권 넣어뒀다. 그것만으로도 서랍은 역할을 다 한 것이다. 거실에는 재택근무 환경에 맞게 책상과 컴퓨터 하나를 놓았다. 내가 좋아하는 CD를 가져다놓고 최근 조금씩 쌓이고 있는 책들도 하나둘씩 놓고 있다. 몇 년 동안 정리를 정말 많이 했다. 비우고 싶었고, 아무것도 없는 방을 갖고 싶었다. 그 방 한가운데 앉아서 요가를 하고 명상을 하고 싶었다. 추운 걸 가장 싫어한다는 것을 잘 아는 남편은 나를 위해 바닥에 온수 보일러를 직접 설치하는 공사를 해줬다. 카페로 사용했던 곳이어서 난방이 시스템온풍기 뿐이라 바닥 난방이 필요했다. 사실 나는 '큰 공사라 안 해도 괜찮았을 텐데' 생각했지만, 공사를 끝내고 보일러를 켰을 때 따뜻한 바닥 난방, 그 자체가 행복을 가져다주었다. 바닥이 따뜻하니 마음도 온기가 함께 올라와 기분 또한 좋아졌다.

　바닥에 마루를 깔지도 않았다. 콘크리트 바닥 위에 코팅제만 칠해서 지내고 있다. 그 자체로 그냥 멋스럽다. 벽면도 노출 콘크리트 그대로다. 남편과 나는 그런 점에서 잘 맞는다. 몇 가지 맞는 게 있으니 그나마 잘살고 있는 것 같다. 내가 추위를 많이 타기 때문에 내 침실에만 두껍게 단열을 하고 목재로 마감을 해줬다. 최근 읽은 책에서 안 것이지만 남자들은 여자에게 잘 보이고 싶은 습성이 있다고 한다. 본능이라고 한다. 진작 알았더라면 남편이 나를 위해 뭔가를 좀 더 해줄 때 리액션을 잘 해줬을 텐데. 그러고 보면 남자에 대해서 아는 것이 많지 않으니 서로 이해하는 데서 충돌이 생겼던 것 같다. 남자는 강하고 세지만 여자에게는 한없이 잘 보이고 싶어 하는 동물적 본능을 가지고 있다고 하니, 재미있는 이야기다. 그렇게 따지면 남자들도 여자를 잘 모른다.

여자들은 남자에게 기대고 싶은 본능이 있다. 한없이 약해지는 것이 여자의 마음이기도 하다. 요즘은 정말 행복하다. 진정으로 원하던 미니멀한 삶이 된 것 같아 마음도 편하고 좋은 기운이 계속 생기는 것 같다. 그 원인은 바로 비어 있는 공간이다. 나는 지금도 제주에 갈 때마다 그 공간이 너무 좋다. 사람이 욕망을 가질 수 있는 것에는 음악이 있다고 한다. 나의 욕망은 좋아하는 음악을 듣는 것인 것 같다. 음악으로 모든 기분을 조절할 수 있기 때문이다. 기분 좋을 때, 슬플 때, 청소할 때, 책 읽을 때, 명상할 때 상황에 따라 듣는 음악을 고른다. 아직 음악 CD, 내가 좋아하는 샹송 음반을 가지고 있는 것이 때로는 힘이 된다. 음악을 좋아하는 사람들은 알 것이다. 자신이 좋아하는 음악을 듣는 것처럼 행복한 순간은 없을 것이다.

비어 있는 공간을 채워주는 것은 빛이다. 나는 빛을 좋아한다. 행복은 어둠을 싫어한다. 밤에는 빛으로 구석구석을 밝힌다. 조명으로 공간을 밝히고 마음도 비우는 시간을 갖는다. 태양은 우리 삶의 에너지 중 가장 강력한 에너지다. 빛이야말로 우리에게 강한 에너지를 전달해준다. 구름에 가려진 흐린 날이나 비가 내리는 날에 더 우울해지는 것은 에너지가 약하기 때문에 마음도 가라앉는 것이다. 밤이 되면 차분해지는 것이 태양에너지가 멀리 숨어 있기 때문이다. 그 에너지를 대신해줄 은은한 빛으로 공간을 채우게 되면 어느덧 밝아지는 기운을 느낄 수 있을 것이다. 형광의 너무 밝은 빛이 아닌 은은한 노란빛의 전구를 켜두면 좋다. 내가 좋아하는 것은 공간과 그곳을 채워주는 빛이다. 점점 더 비워지는 공간을 보면서 매일 매일 행복해지는 순간을 만나는 요즘은 내 인생의 빛을 찾은 기분이다. 공간을 비워보고 예쁜 조명으로 빛의 공간을 만들어 보면 또 다른 세상과 감정을 느낄 수 있을 것이다.

우리는 불필요한 것을 매일 사들이고 있다. 사들이기 전에 내 주변을 돌아보고 우선 비움을 느껴본 후 채워도 늦지 않는다. 비움을 연습해보고 그 감정을 느껴보는 시간을 가져본다면 분명 행복한 감정도 느낄 수 있을 것이다. 불필요한 것에도 분명 행복은 숨어 있을

수 있다. 모든 물건에 대해 불필요하다고 할 수는 없지만 필요한 것
만을 가지고 살기에도 우리는 많은 물건을 가지고 산다. 비움의 기
술을 익히는 것도 공부다. 한 개를 사기 전에 한 개를 비우자. 공간
을 자꾸 채우려고만 하지 말고 적당히 순환할 수 있도록 비우고 채
우기를 연습해보는 것도 일상의 만족도를 올리는 데 도움이 될 것
이다.

감당할 수 있는 만큼의 물건은
더 평온한 삶을 만든다

언제나 시작은 0이다. 0에서 시작한 물건은 수백이 넘는 숫자로 채워진다. 수백이 넘는다고? 아마 수천이 될 수도 있다. 많은 물건 속에 편리한 삶은 빠른 성공의 길로 안내하기도 한다. 만능 휴대전화는 그중 하나가 되었다. 이제는 휴대전화 없는 삶은 상상할 수조차 없다. 혁신의 아이템은 인류를 구하기도 한다. 코로나19로 온지구가 위험에 닥쳤을 때 가장 많은 일을 한 것은 바로 휴대전화다. 휴대전화는 주파수를 통해 우리에게 전달한다. 그 주파수는 어떻게 생긴 것일까. 눈에 보이지 않는 주파수가 궁금해본 적이 있는가.

풍수에서 이야기하는 에너지는 이 주파수와 비슷한 것이 아닐까. 주파수에 우리가 생각하는 힘을 던져본다. 자신이 생각하는 것을 주파수에 던지면 원하는 것을 찾아내 눈앞에 가져다준다. 끌어당김의 법칙은 그렇게 적용되는 것이 아닐까. 많은 사람이 생각은 잘하고 살지 않는다. 다만 무의식은 쉬지 않고 주파수를 통해 뭔가를 계속 끌어당기고 있다는 것을 모른다. 그것 중 하나가 소비해야 한다는 생각에 빠지는 무의식의 세계다. 우리는 무의식에 지배를 당하며 살고 있기 때문에 마트에 가서 스스럼없이 물건을 고른다. 무의식에서 깨는 순간은 잘 없다. 내가 행동하는 그 자체가 무의식인 것이 많기 때문이다. 그것은 습관이라고도 표현한다.

물건이 쌓이는 이유도 바로 무의식이 시키는 행동 지침에 따라 자연스럽게 쌓이는 것이다. 집 안에 물건이 왜 많은지 생각하지 않는 이유도 바로 무의식에는 물건에 대한 개념이 정리되지 않았기 때문이다. (물건을) 사는 것은 우리 인생의 전부라고 해도 과언이 아니다. 사기 위해 돈을 벌고 직업을 얻는다. 살 것이 없다면 과연 많은 돈이 필요할까. 많은 사람이 부자가 되고 싶은 이유 중 하나는 더 많은 것을 사기 위함일 수도 있다. 좋은 집, 좋은 차, 좋은 물건, 맛있는 음식들을 사려 한다.

경제적 자유를 꿈꾸는 사람은 자유를 사려고 한다. 시간을 돈으로 살 수 있다면 사야 한다. 그것이 바로 경제적 자유인지도 모른다. 우리는 물건을 사는 데 많은 시간을 쓴다.

불필요한 물건을 사면서 시간까지 버린다. 시간은 절대 1초도 머

무르지 않는다. 어떤 과학자는 시간이라는 것이 흐름의 개념이 아니라고 말한 사람도 있다. 가끔 나도 그런 생각을 한다. 이 시간이라는 것은 사람이 규칙적인 행동을 하기 위해 만든 단순한 논리일 수도 있다는 것이다. 그럼 우리가 아이에서 어른이 되는 과정은 어떻게 생각해야 할까. 시간이 아닌 다른 개념으로 접근해볼 수도 있다고 생각했다. 하루를 24시간을 쪼개서 살고 있지만, 48시간으로 쪼개서 살 수도 있다. 누구는 12시간으로 사는 사람도 있다. 분명 시간은 사람마다 다르게 주어진다고 생각한다. 똑같은 24시간이지만 아무것도 하지 않고 아무 발전도 없이 하루하루를 보내는 사람이 있는가 하면 온종일 생산적인 일을 하며 자기계발에 힘쓰는 사람도 있고, 돈을 벌기 위해 쉬지 않고 일하는 사람도 있다. 어떻게 쓰느냐에 따라 시간의 씀씀이는 사람마다 달라진다. 지금 당신은 어떠한 시간을 보내고 있는가. 시간은 당신을 주름진 노인으로 데려가는 일 말고는 해주는 것이 없다. 그 속에서만 살고 있다면 빨리 늙을 것이고 삶의 의미 또한 찾기 어려울 것이다. 그런 삶이라도 만족하며 살겠다면 할 말은 없지만 말이다.

'시간은 돈이다'라는 그 흔하디흔한 말. 벤저민 프랭클린(Benjamin Franklin)의 명언은 귀에 딱지가 앉을 정도로 들어봤을 것이다. 알면서도 깨닫지 못하고 간과하며 살고 있는 사람들이 얼마나 많은가. 물건을 쌓아두는 일은 시간을 버리는 것과도 같다. 물건에 쌓여 에너지도 뺏기고 내 시간마저 빼앗긴다. 감당할 수 있는 만큼의 물건은 내 소중한 시간도 지켜주며 마음의 평온도 찾아준다.

유성은 작가의 저서 《인생을 바꾼 시간관리 자아실현》에는 욕망을 줄이는 기술을 이렇게 말한다. "원하는 것을 가질 수 있다면 그보다 큰 행복은 없을 것이다. 하지만 그보다 큰 행복은 갖고 있지 않은 것을 원하지 않는 것이다."

사람들은 갖고 있지 않은 것을 원한다. 가지면 행복할 것 같다는 뇌의 속임수에 넘어가기 때문이다. 지금까지 그렇게 해서 가져본 것들이 지금도 행복을 주는지 잠시 생각해본다. 몇 가지는 행복을 주고 있을 수도 있지만 대부분 그저 그런 짐에 불과한 물건으로 남아 있을 것이다.

나는 이 짧은 글 하나에서 새로운 생각이 떠올랐다. 가지고 있지 않은 것을 원하지 않는 것이 행복이라면, 반대로 가보지 않은 길을 도전하는 일은 행복한 일이라고 말이다. 우리는 보통 가보지 않은 길을 가려고 할 때 두려움을 갖는다. 변화를 싫어하고 도전하는 것이 겁나기 때문이다. 하지만 변화 없이는 아무런 기대도 할 수 없다. 그런 두려움의 도전이 불편하다면 이미 도전한 사람들의 이야기를 들어보는 것은 삶의 질을 높이는 한 방법이다. 그것은 바로 책 읽기다. 나는 이 책을 쓰면서 많은 책 읽기에 도전했고 책 읽기 전파에 전도사가 되었다. 《이 책은 돈 버는 법에 관한 이야기》를 쓴 저자 고명환의 글을 보면 책 읽는 것에 대한 중요함을 매우 적극적이면서 긍정적으로 홍보하고 있다.

아마 책을 많이 읽는 사람들의 공통적인 특징이 아닐까 싶다. 책을 읽는 즐거움을 알게 되는 날에는 책에 빠져 살 수밖에 없게 된다. 아직 그걸 깨닫지 못한 사람들이 많기 때문에 나는 항상 주위 사람들에게 책을 많이 읽으라고 이야기한다. 책에는 내가 가보지 못한 길들이 많다. 내가 모든 길을 다 갈 필요는 없다. 평생 살면서 다 갈 수도 없다. 선인들이 걸어간 발자취를 따라가다 보면 어느덧 내가 서 있는 곳에 대해 다음 세대에 들려줄 이야기를 만들 수도 있다. 물건을 쌓으려면 차라리 책을 쌓아두라고 말하고 싶다. 나는 책 쌓는 것조차 싫어해서 전자책을 읽고 있지만, 간혹 종이 향기 맡으며 간직하고 싶은 책은 따로 사서 간직하기도 한다.

왜 우리가 물건으로부터 자유로워져야 하는지, 시간을 물건에 빼앗기지 말아야 하는지는 스스로 깨달을 때까지 알지 못할 수도 있다. 때로는 지독히도 스스로 경험할 때까지 기다려야겠다는 어리석은 마음을 갖게 되는 날들도 만날 것이고, 남의 이야기에 귀 기울이고 싶지 않을 만큼 자신만의 세상에 빠져 자만해지는 순간에 머물러 있기도 할 것이다. 나 또한 그래왔기 때문에 뒤늦게 배운 인생의 법칙에서 새로운 세상에 눈을 떴을 땐 이미 많은 것을 놓친 후였다는 것을 알아챘다.

평온한 마음을 가지고 산다는 것은 쉽지 않은 일이다. 우리는 신체적으로든 정신적으로든 스트레스라는 질병을 안고 살아간다. 적당한 스트레스는 건강 유지에 좋다는 말도 있다. 그래도 스트레스 없는 삶을 산다면 그 누구보다 평온하고 건강한 삶을 사는 사람일 것이다. 나는 지금도 매일 정리하며 많은 것을 비우고 채우기를 반복한다. 그래서 늘 건강하고 평온한 삶을 유지하는 중이다. 사람들에게는 이렇게 이야기한다. 나는 스트레스가 없고 늘 즐겁게 살아간다고. 감당할 수 있는 만큼의 물건은 사람의 마음에 좋은 에너지를 전달한다는 것을 알고 비우기를 실천해보길 바란다.

정리는 자신과 물건의 관계를
다시 설정하는 것이다

　내가 뭔가를 다짐하고 새로운 일을 시작할 때 악마는 가만히 있지 않는다. 우리가 그 악마의 손길에 쉽게 손을 내밀기 때문에 조그만 위기에도 금방 지치고 하던 일을 던져버린다. 이런 생각을 하기까지 나에게 아무도 가르쳐주지 않았다. 실행력은 빠른데 포기도 빨랐던 나는 그냥 성격 탓이라고만 생각했다. 나는 최근 책을 쓰기 위해 온갖 노력을 했다. 책도 많이 읽고 강의도 많이 들었다. 본격적으로 책을 쓰기 위해 목표를 설정하고 기간을 정했다. 스스로 약속이라 굳게 다짐했고, 그 결심을 이루기 위해 열심히 글을 쓰기 시작했다.

　하지만 주변의 환경은 내가 글쓰기에 몰두하는 것을 자주 질투

했다. 악마의 유혹은 아니었다. 유혹은 뿌리칠 수 있는 일이다. 유혹으로 성에 차지 않는 악마는 커다란 송곳을 들고 내 가슴을 후벼 파기 시작했다. 내 마음을 가만히 내버려 두지 않았다. 가슴에 상처를 내기 시작했다. 누군가의 말 한마디, 들려오는 잡음, 견딜 수 없는 비참함. 송곳으로 그렇게 찔러대니 내 마음은 너덜너덜해진 걸레가 다 될 지경이었다. 목표가 없었다면 아마도 술이나 마시며 한탄이나 하면서 울분을 참을 수 없었을지도 모른다. 생각을 다스리는 멘탈의 연금술 덕분에 마음을 되찾는 데 오래 걸리지는 않았다.

하지만 늘 그래왔듯이 내가 뭔가를 결심하고 해나가려는 과정에는 악마가 항상 숨어 있었다. 그것을 느껴야 한다. 스스로 찾지 않으면 포기와 친해질 수밖에 없다. 포기와 친구를 할 것인가. 악마라는 두려움을 극복하는 멘탈을 키울 것인가는 스스로 깨달아야 한다. 그렇지 않으면 아무 생각 없이 사는 인생을 살고 말 것이다. 결국 포기하는 인생은 좌절만 안겨준다는 것을 알아야 한다.

영화 〈반지의 제왕〉을 감명 깊게 봤던 장면 중에 하나다. "왜 나에게 이런 시련을 주는 건가요? 왜 이런 고통을 내가 겪어야만 하죠?" 주인공은 이렇게 이야기한다. 너무도 힘든 상황을 만나게 되면서 괴로워한다. 하지만 그 반지를 꼭 쥐면서 다시 다짐한다. 나에게 주어진 일이니 내가 해결해야만 한다. 반드시 꼭 해낼 거라는 희망의 메시지를 전달해준다. 그 상황에서 포기는 죽음밖에 없다. 포기하는 일이 죽는 일이라면 쉽게 포기할 수 없을 것이다. 인생은 그렇다. 포기는 나와의 약속을 저버리는 일이다.

내 생각을 죽이는 일은 마음을 진흙탕에 처넣는 것과 같다. 그러고 나면 무엇이 남을까. 아무것도 남지 않는다. 그리고 아무 일 없었던 것처럼 일상으로 돌아가는 회귀현상만 나타날 뿐이다. 나를 죽이고 그 일상이라는 곳으로 돌아가 또다시 잠자는 악마 곁에 머물게 된다. 우리의 상황은 그렇게 악마를 곁에 두고 사는 일상이 된다. 악마는 괴롭힘을 위해 존재하는 악귀이기 때문이다. 우리가 성장하지 않고 멈춰 서 있는 것은 악마의 속삭임에 그래그래 수긍하며 살기 때문이다. 성공하기 위해서는 더 나아가 악마를 쫓는 능력을 키우는 것이 중요하다.

그 능력은 어떻게 키워야 할까. 예를 들어보자. 집에서 아무것도 하지 않고 집순이로 살고 있는 사람이 있다. 집은 가장 안전한 곳이고 위험부담이 없는 곳이다.

대문은 잠겨있고 비가 오나 눈이 오나 집에 물이 새는 일도 없다. 먹고 살 정도의 여유는 있어 돈을 벌지 않는다. 은행에 넣어둔 돈으로 외부 활동 없이 집에서 살림만 한다. 어쩌다 집 밖을 나가면 온갖 유혹에 쇼핑백을 잔뜩 안고 들어온다. 나가지 않았으면, 가지고 들어올 물건도 없었겠지. 쇼핑백을 들고 들어와 물건을 펼쳐본다. 기분전환이 되고 콧노래가 나온다. 즐거운 기분을 잠시 느껴본다. 하지만 몇 시간 지나지 않아 자신이 사 온 물건이 별로 쓸모가 없다는 것을 알아차린다. 집 밖을 잘 나가지 않는 자신에게 쇼핑해온 옷들은 입을 시간이 별로 없다는 것을 깨닫게 된다.

괜히 산 것 같다는 생각이 들며 앞으로는 외출하지 말자며 다짐을 한다. 결국, 쇼핑해온 온갖 물건은 집 안에 물건으로 더 쌓이기만 한다. 이런 상황을 반복하며 살아간다. 집 밖은 유혹의 손길이 많다는 것을 깨닫고 나가지 말자는 다짐을 하지만 집 안에 악마는 또다시 그녀를 부추긴다. 밖으로 밖으로 나가야 한다고. 나가서 쓸데없는 돈을 더 많이 쓰고 오라고 한다. 계속 쌓이는 물건은 악마에게 먹이를 가져다주는 꼴이 된다. 악마에게 먹이를 주어 악마의 힘을 키울 것인가. 악마와 싸워 이기는 힘을 키울 것인가. 포기하는 것만큼 가장 쉬운 것이 없다. 그래서 사람들은 대부분 쉬운 선택을 하며 살아간다. 포기가 가장 쉽기 때문이다. 쉬운 일을 할수록 자신에게 일어나는 위험 요소도 줄여 준다. 성공할 기회도 잘 얻지 못한다.

정리는 자신과 물건의 관계를 다시 설정하는 일이다. 외부 요인으로 들어오는 나쁜 에너지는 집 안에서 해결할 수 있다. 물건은 자신의 인생을 결정짓기도 한다. 어떤 물건을 집에 들여오느냐에 따라 달라질 수 있기 때문이다. 중고로 물건을 거래할 때 가장 주의해야 할 점도 바로 그것이다. 오래 두고 사용할 물건이라면 더욱 신중해야 한다. 내가 물건을 중고로 내다 팔기만 하고 구매는 하지 않는 이유이기도 하다. 행운을 가져다줄 물건도 분명 있겠지만, 그 물건의 주인이 물건을 어떻게 대했는지에 대해 알지 못하기 때문이다. 안 좋은 에너지를 가져올 수도 있고 그 물건으로 인해 어떠한 변화가 생길지는 아무도 모르기 때문이다. 미신 같은 말로 들릴 수도 있지만, 그래서 되도록 새것을 사는 것을 원칙으로 하는 편이다. 새 물건에는 에너지가 넘치기 때문이다. 그렇다고 중고로 물건을 구매하지 말라는 이야기는 아니다. 되도록 부피가 크거나 그 집에 사연이 있는 물건일수록 신중해야 한다는 이야기다.

물건 하나하나에는 나와의 관계를 설정하게 된다. 물건의 주인은 자신이기 때문에 자신이 다루는 마음에 따라 내 눈에서 빛이 나 보이기도 하고 시들해 보이기도 한다. 자신의 눈에 시들어 보이는 안 좋은 물건은 수명이 다한 것이다. 물건과의 관계도 끊을 때가 된 것이다. 다른 사람에게 더 가치 있는 물건이 될 수도 있고 불필요한 것이라면 버리는 것이 가장 좋은 방법이다.

숙소를 운영하면서 간혹 손님들이 놓고 가는 물건들을 발견하고는 한다. 어느 풍수 이야기를 보면 누군가 사용하고 떠난 물건들은 모두 버리라고 한다. 되도록 버리고는 있지만, 가끔 아까워서 내가 챙기는 일이 있다. 예를 들면 식용유 500mL를 5mL도 사용하지 않고 가는 사람들이 있다. 그런 것은 버리기에는 아깝다는 생각이 들기 때문에 집에서 활용하고는 한다. 너무 새것 같고 쓸만한 것은 집 안에 들여와 사용하지만, 결국 불필요한 물건이 늘어나는 셈이다. 그중에 하나는 에어프라이기였다. 한두 번 사용해봤지만, 에어프라이어 전용 식품이 많이 나오는 요즘도 전혀 필요함을 느끼지 못했기 때문에 중고로 판매했다. 이렇듯 나와 맞지 않는 물건들도 많이 있다.

한 번은 채칼을 두고 간 손님이 있었다. 내가 가지고 있는 물건 중에 안 버리고 잘 활용하는 것 중에는 채칼 세트가 있었다. 채를 써는 것을 싫어하는 나에겐 꼭 필요한 물건이기 때문에 잘 활용하는 편이다. 굳이 필요한 물건은 아니었지만, 손님이 놓고 간 채칼은 좀 달랐다. 양배추를 한번 채칼로 썰었는데 고급 일식집에 가면 얇게 썰어져 나오는 것처럼 식감 좋게 잘렸다. 그것에 반해 나는 서울까지 그 물건을 가져와 샐러드 만드는 것에 활용했다. 그러던 어느 날, 여느 때와 마찬가지로 잘 썰고 있었다. 하지만 갑자기 손동작이 내 마음과 다르게 속도를 내고 있다는 것을 느꼈다. 문득 엄마가 얼마 전에 칼에 손을 베었다는 소식을 들은 기억이 떠올랐다. 채를 쓰는 속도를 줄여야 했지만, 더욱 속도를 내는 자신을 발견하는 순간 채칼에 손이 닿고 말았다.

조심성이 정말 많은 나는 그 상황을 이해할 수 없었다. 그렇게 위험한 채칼에 내 손을 빨리 움직이고 있었다는 게 평소의 내 모습 같지 않았다. 누군가 내 손을 움직이는 것만 같았다. 살점이 채칼에 잘려 달랑달랑했고 즉시 응급처치로 휴지로 손을 감쌌다. 병원에서 며칠간 치료를 받으면서 그 당시의 생각만 떠올렸다. 어디서 온 물건인지도 모르고 사용했다. 조심스럽게 사용하면 그렇게 다칠 일도 없는 사소한 기구다. 나는 그 이후로 그 채칼을 사용하지 않았고 나중에는 버렸다. 아무거나 덥석 물건을 내 것으로 한다는 것은 그 물건이 나에게 어떠한 영향을 주는지 모른다는 것을 의심해야 한다. 게다가 그 물건은 날카로운 칼을 붙이고 있었다. 어디서부터 온 것인지 모르는 그 물건을 내가 바로 버렸더라면 일어나지 않았을 일이다. 중고마켓에서 물건을 잘 사지 않는 이유 중 하나이기도 하다.

새로운 물건이 매일 수없이 쏟아지는 가운데 버리는 것도 자원 낭비다. 되도록 사지 않는 선택을 해야 할 때를 알아야 한다. 불필요한 물건을 사들이지 않고 물건과 나와의 관계를 설정함으로써 우리에게 전달되는 에너지를 잘 활용해볼 필요가 있다. 나에게 행운을 주는 물건은 반드시 있다. 보고 있으면 기분이 좋아지는 것들. 그런 것들로만 채우며 산다면 행복은 배가 될 것이다. 매일 하는 정리 속에는 물건과의 관계를 설정하는 일도 중요하다.

우리가 빚지는 이유는 소유하기 때문이다

　인간의 욕망은 한도 끝도 없다. 우리가 돈을 벌어야 하는 이유는 먹고 사는 이유도 있겠지만 소유하고 싶은 욕망이 끊임없이 마음속에서 자라나기 때문이다. 미니멀 라이프를 추구하기 위해 완벽할 필요는 없다. 살다 보면 다시 쌓이고 쌓이는 것이 인생이다. 물건만 쌓이는 것이 아니라 욕심도 쌓이고 살도 찌운다. 어느 순간 빚도 늘어나게 됨을 깨닫게 된다. 소유욕은 한없이 일하게 만들고 쉬지 않게 만든다. 어쩌면 우리가 삶을 유지하게 만드는 것 중 하나가 소유하는 즐거움 때문이 아닌가 하는 생각이 든다. 그중 우리에게 가장 필요한 건 주택이다. 기본적인 삶에 가장 기초적 수단이라 할 수 있는 집은 우리가 소유할 수 있는 가장 값비싼 부동산이다. 물론 요즘은 부동산보다도 더 비싼 자동차나 그에 비해 소장가치가 월등한 물건도 많긴 하다. 하지만 삶의 기초수단으로 집이 가장 우선인 것이다.

　한국은행 조사에 따르면, 2022년 3/4분기 말 가계신용 잔액은 1,1870.6조 원으로 전분기 말 대비 2.2조 원 증가했다고 한다. 가계대출 잔액은 1,756.8조 원으로 전분기 말 대비 0.3조 원 감소, 판매신용 잔액은 113.8조 원으로 2.5조 원 증가했다고 한다.

　수천조 원에 달하는 가계대출은 우리가 소유하기 위해 지불하고 있는 빚이다. 나도 현재 이 가계신용에 한몫하고 있다. 물가는 오르고 금리도 오르고 있는 지금 시점에서 부동산 경기는 더욱 침체의 늪에서 빠져나오지 못하고 있다.

　최근 지인은 40평대 아파트에 살다가 20평대로 이사를 했다. 아직 내 집 마련을 하지 못한 부부와 한 아이가 있는 가정이다. 치솟는 물가와 고금리에 대출이자를 감당하기 어려워 선택한 결정이다. 집 구하기도 어려운 요즘, 30년 넘은 오래된 아파트를 입주하게 되었다고 한다. 다행인 것은 5년 전에 리모델링을 해서 집은 깨끗하다고 한다. 단지 전에 살고 나간 세입자가 좀 심하게 더럽게 사용하고 나간 흔적과 고쳐서 사용해야 할 몇 가지 문제들을 안고 있었다.

　사람들은 자기 물건이 아닌 것을 막 쓰는 경향이 있다. 남의 물건이기 때문에 더 소중히 써야 하는 개념이 아닌 내 물건이 아니기 때문에 대충 쓰고 더럽게 이용한다. 이사를 할 때 새로 들어오는 세입자가 청소를 하고 들어오는 것이 문제다. 퇴거하는 사람이 청소하고 나가는 시스템으로 바뀌어야 한다고 본다. 그러면 자신들도 그렇게 형편없이 더러운 꼴로 하고 나가진 않을 테니 말이다. 제주는 퇴거하는 사람이 청소를 하고 나간다. 그래서 주인이 더 깔끔하게 집을 점검하는 경우도 있다. 이게 맞는 시스템이 아닌가 싶다.

40평대에서 20평대로 줄이면서 정말 많은 짐을 정리했다고 한다. 아이 한 명의 짐이 거의 반 이상을 차지했다고 한다. 큰 평수에서 살다가 작은 평수에 살게 되면 처음에는 부족한 부분이 많다고 생각이 들겠지만, 이 친구는 짐을 버리고 나니 더 홀가분해졌다고 한다. 게다가 더 홀가분한 이유를 이야기했다. 40평대에 떠안고 있었던 대출 빚을 모두 청산했다고 한다. 와, 정말 부러웠다. 대출 없이 살고 있다는 것에 응원을 보냈다. 물론 자가는 아니지만, 요즘 전셋값은 매매가와 거의 동일하기 때문에 대출을 없애고 작은 평수로 이사를 했다는 것에 큰 박수를 보냈다.

한편 남의 이야기 할 때가 아닌, 내 처지를 보자. 미니멀 라이프를 하면서도 제주에 집이 있음에도 불구하고 마음에 드는 집을 발견한 즉시 그 집을 덥석 사버렸다. 살고 있는 집을 팔려는 계획을 가지고 샀기 때문에 크게 걱정하지 않았다. 하지만 인생은 내 계획대로 움직여 주지 않았다. 부동산 경기는 그때부터 하향세가 시작되었고 내놓은 집은 거래되지 않았다. 부담만 두 배로 커졌다. 집은 아직도 매매 되지 않아 몇 년째 벌어서 대출이자와 원금을 갚는 데만 계속 돈을 쏟아붓는 중이다. 물욕의 끝은 이렇듯 벼랑 끝으로 밀어낼 수도 있다는 위험한 일이라는 것을 깨달았다. 단순히 정리만 하면 되는 물건만이 미니멀의 끝장이 아니다. 자신의 수준에 맞는 것을 소유해야 한다. 동산이든 부동산이든, 그렇지 않으면 미니멀을 하기도 전에 지쳐서 아무것도 할 수 없는 상황이 놓일 수도 있다는 것을 뼈저리게 느꼈다.

셋이서 사는 데 40평대면 큰 평수다. 사람들은 가져보지 못한 것에 대한 욕심이 있다. 아마도 작은 평수에 살다가 큰 평수가 눈에 들어왔을 때는 당연히 좋아보였을 것이다. 인지의 능력은 대단하다. 큰 집에서 한 번도 살아보지 않았더라면 더 좋아보이는 것은 누구나 똑같을 것이다. 빚을 내서라도 집을 얻고 싶을 것이다. 그것이 사람의 심리다. 제주에는 넓은 땅과 집이 있다. 그곳에 살면서 많은 사람이 방문했고 한결같이 나에게 이런 말을 했다.

"신선이 따로 없네요." 내가 신선놀음하는 것으로 보였나 보다. 그렇게 보인다. 제주에서 자연과 더불어 닥스훈트 세 마리와 함께 살고 있는 내 모습은 정말 부러움의 대상이었던 것이다. 그 속에서 나는 항상 평화롭게 여유를 즐기며 사는 것으로 보였을 것이다. 실상을 들여다보면 그렇지 않다. 넓게 깔린 잔디는 여름이면 이삼일에 한 번씩 깎아주지 않으면 무성한 숲으로 변하기 일쑤다. 숙소를 운영하는 우리 부부는 매일 하는 일이 청소와 빨래였다. 물론 일이니까 하는 것은 당연하지만, 늘 그렇게 정신없이 온몸이 부서져라, 일해야만 했다. 넓은 땅을 관리하며 산다는 것은 관리인을 두지 않는 한, 자연과의 전쟁을 끊임없이 해야 한다. 그래서 마당이 없는 집으로 가고 싶었던 것이 나의 작은 소원이 되었기도 했다. 마음에 들어 충동구매하듯 산 집은 결국 골칫덩어리로 남아 있다.

드넓은 자연과 함께 잔디가 넓게 깔린 마당 있는 집에서 다들 살아보고 싶겠지만 정말 큰 각오가 필요하다. 살아보지 않으면 알 수 없다. 다들 이렇게 생각할 것이다. '나는 그런 것들이 오히려 좋아, 당신보다 더 잘하며 살 수 있어'라고. 소유해보지 않은 사람들의 마음은 다 똑같을 것이다. 나는 소유해봤기 때문에 미련이 없다. 나도 제주에 오기 전에는 넓은 잔디마당이 있는 저택에서 사는 것이 꿈이었기 때문이다. 살아보니 이것 또한 별 것 아니라는 것을 알게 되었고 너무 힘들다는 것을 깨닫게 되었다. 큰 것을 가지려면 우리는 어쩔 수 없이 빚을 지게 된다. 정말 넓은 곳에서 자연과 함께 살고 싶다면 빚지지 말고 살길 바란다. 그 욕심이란 것이 안 생기면 더 이상할 것이다. 그럼에도 우리는 조금씩 내려놓는 법을 배워야 한다. 자신의 수준에 맞게 빚을 내야 한다. 어떠한 상황이 우리 앞에 닥칠지 모르는 일이다. 코로나19도 위기였고, 더한 위기가 닥쳤을 때 대처할 수 있는 만큼의 빚을 얻어야 한다. 욕심이 화를 부른다는 말은 나를 두고 한 이야기였다. 빚은 또 다른 빚을 낳는다. 새끼 낳듯 하나둘씩 쌓인다. 소유의 욕심은 이렇듯 무섭게 눈덩이처럼 커지는 빚으로 전락할 수 있다. 내가 가진 가장 큰 소유가 나를 가장 힘들게 할 수도 있다는 걸 명심해야 한다.

소유해보지 않은 것들에 대한 망상. 끊임없는 자신과의 싸움일 수도 있다. 모든 것을 정리한다 해도 망상의 씨앗은 사라지지 않을 것이다. 망상의 씨앗은 언제든 싹을 틔울 수 있기 때문이다. 망상은 다시 망각이 되어 되살아난다. 우리 뇌는 교묘하고 신비해서 스스로가 통제가 안 되는 경우가 많다. 지금도 나는 가져보지 못한 것들에 대한 열망으로 가득하다. 미련한 생각인 줄 알면서도 생각은 자유롭게 한다. 이제는 그런 망각에서 벗어나 소유의 욕심을 더 내려놓으려 하는 중이다. 좋아하는 것 몇 가지에만 집중하며 하고 싶은 일을 하고 사는 것이 그나마 미니멀하게 살 수 있는 방법이 아닐까 생각해본다.

버리면 비로소 보이는 것들

비우지 않고 물건을 채우는 데만 신경을 쓰다 보면 끝이 없다. 비워야 할 것은 물건뿐이 아니다. 마음 청소도 필요하다. 욕망, 욕심은 우리를 끊임없이 부추기며 자꾸 뭔가를 사들이게 만든다. 인간은 태어날 때부터 본능으로 부여받는 것이 욕심이다. 욕심이 없다면 살아가는 원동력도 없을 것이다. 어쩌면 욕심은 인간으로 태어나 살아가는 데 힘을 주는, 없어서는 안 되는 충족 요건일지도 모른다.

우리가 버리지 못하는 이유는 바로 욕심이라는 마음이다. 욕심의 뿌리는 자라면서 우리 마음속에 깊이 뿌리 박혀 있어 웬만하면 흔들리지 않는다. 욕심을 뿌리째 뽑기란 더욱 힘든 일이다. 아마도 그 욕심을 통째로 뽑아냈다면 일반인으로 살아가는 사람은 아닐 것이다. 자신의 욕심은 자신 마음속에만 있다. 누구도 그 마음은 알 수가 없다. 개개인의 욕심은 모두가 다르다. 인간의 모습이 모두 다른 것처럼 가지고 있는 욕심도 다르다. 욕심의 정도를 조절할 줄 아는 마음을 키우는 것이 중요하다.

살아오는 동안 '너는 욕심이 많아', '너는 욕심이 너무 없어' 이런 이야기들을 주변으로부터 듣게 된다. 어떠한 것에는 욕심이 있고, 어떠한 것에는 욕심이 없다. 그 어떠한 것에는 각자가 원하는 바에 따라 천차만별이겠지만 삶을 살아가는 데 있어 즐거움을 주는 곳에 욕심이 향해 있다면 나쁠 것은 없다. 비우기도 마찬가지다. 비움으로써 즐거움을 찾기 때문이다.

음악을 듣는 것, 캠핑을 즐기는 것, 술을 마시는 것, 사람들과 만나는 것, 일하는 것이 좋으면 좋아하는 곳에 욕심을 쏟아부으면 된다. 누구나 다 그렇게 살았을 것이고 살고 있을 것이다. 지금 내가 가장 욕심을 부리고 있는 것에 대해 생각해보자. 성장하면서 우리는 욕심도 함께 키우게 된다. 배우지 않아도 욕심은 마음에서 점점 뿌리를 내리고 높게 자란다. 욕심은 끝이 없다고들 말한다. 맞는 말이다. 욕심은 하늘을 찌를 듯 누구나 다 그런 욕심으로 살아간다. '나는 욕심 없어' 하는 사람조차도 욕심은 있다. 어디를 향해 있든지 간에 욕심이 없는 사람은 없을 것이다.

우리는 어느 정도 성장한 시점에서 욕심이라는 성장을 멈추게 해야 한다. 스스로 멈추지 않으면 죽을 때까지 마음 비우기를 할 수 없다. 자제할 수 있는 마음은 자신을 위대하게 만드는 결정적 버튼이다. 자제할 수 있는 버튼을 만들면 욕심은 언제든지 조절할 수 있게 된다. 머릿속에는 항상 미니멀 라이프라는 삶에 대한 비움의 철학이 들어 있어도 자꾸 새어 나오는 욕심은 어느 날 나도 모르게 슬금슬금 기어 나온다. 누구나 완벽할 수는 없지만, 반복적인 연습을 통해 배워나가면 된다.

직장생활을 하면서도 항상 무엇을 해야 할까 하는 의문을 가지고 살았다. 그 의문은 회사를 떠나서 내가 무엇을 할 수 있을까였다. 끊임없이 생각하고 생각했다. 그럴 때마다 비우기를 실천했다. 생각만으로는 정답을 찾을 수 없었기 때문이다. 뭔가 하나씩 비울 때마다 새로운 발견을 하게 되는 방법을 알게 된 것이다. 빈자리는 나를 더욱 성장하게 만들었다. 빈자리는 물건만으로 채워지는 것이 아니었다. 나의 꿈, 나의 희망을 찾아주는 메신저 역할을 했다. 그렇게 해서 나는 결국 제주로 이주할 수 있는 마음을 먹을 수 있었고 과감하게 실천할 수 있었다. 그런 큰 결심을 하게 되면 온 우주가 나를 도와 제주로 갈 수 있도록 모든 에너지를 전달해준다. 나는 하고 싶었던 모든 것들을 제주로 떠남으로써 모두 이루었다.

회사를 떠날 수 있었던 것, 샹송 카페를 할 수 있었던 것, 넓은 잔디밭이 펼쳐진 마당을 갖는 것. 나는 온 세상을 다 가진 것 같았다. 제주에서의 삶도 2023년 5월로 9년이 지났다. 10년째 제주에서 살고 있지만, 제주를 떠나고 싶다는 생각은 나지 않는다. 제주라는 섬이 나와 너무도 닮았기 때문이다. 숲속에 서 있으면 나는 가끔 나무가 된 것 같은 착각에 빠질 정도로 숲과 일체가 되는 경험을 하게 된다. 언제부턴가 내 몸이 숲을 좋아한다는 것을 알게 되었다. 그래서 한라산을 오르거나 숲길을 걸을 때 행복하다는 감정을 느낄 수 있다. 그 기분은 요가를 할 때와도 비슷하다.

숲속에 서 있으면 마치 나도 자연의 한 부분처럼 느껴졌고 그 순간만큼은 모든 것을 비워낼 수 있는 시간이 된다. 마음 청소가 시작되는 시간이기도 하다. 누군가를 미워하는 마음도 사라지고 욕심을 내던 모든 것으로부터 해방된다. 그냥 하나의 떠도는 작은 먼지가 되는 느낌이다. 마음에 오랫동안 쌓인 묵은 때 청소를 해줘야 한다. 특히나 도시에 살면 마음 청소가 더욱 필요하다. 비움은 마음속 청소를 함께 하는 것과 같다. 정체된 에너지는 비움을 통해 세상을 다시 바라볼 수 있는 초기화 상태로 되돌려 놓는다. 우리의 마음도 가끔은 초기화가 필요하다.

너무 많은 먼지를 쌓아놓으면 삶의 무게도 함께 쌓이기 때문에 가볍게 해줄 필요가 있다. 앞만 보고 달려왔다면 가끔 뒤도 한 번씩 되돌아볼 필요가 있다. 주변도 한 번 둘러보게 된다면 안정된 시간을 찾을 수 있을 것이다. 비움으로써 마음에 쌓인 먼지도 함께 청소되는 신비한 마법을 경험해보자. 풀리지 않는 인생 문제가 있다면 비움의 기술을 활용해보는 것이다. 비울 수 없을 때는 가구 배치나 집 안의 분위기를 바꾸고 깨끗이 청소하는 것만으로도 문제 해결이 되는 것을 느낄 수 있을 것이다. 비워내면 비워낼수록 우리가 찾지 못하는 해결책을 만날 수 있다. 보이지 않던 것들도 보이게 될 것이고 실타래처럼 꼬인 마음속 정리도 시원하게 풀리는 경험을 할 수 있게 된다.

비움은 바로 해결책이다. 그리고 원하는 소원을 들어주는 요술 램프의 지니를 불러내보자. 반짝반짝 닦으면 지니는 램프에서 나와 내가 말하는 소원을 들어줄 것이다. 나는 지금 소원이 여러 개 있지만 조금씩 이루어내는 중이다. 왜냐하면 정리할 것이 너무 많기 때문이다. 몇 년간 소원이 이루어지지 않았던 이유는 욕심을 다 내려놓지 않아서였고 아직도 비워야 할 물건들이 쌓여 있었기 때문이다. 공동생활을 함께하는 집 안에서는 혼자 힘으로 되지 않는 경우를 만날 수도 있다. 지금의 내가 그렇다. 1인의 삶에서 2인의 삶으로, 2인의 삶에서 3인, 4인으로 늘어갈 때 비움은 점점 어려워지는 수학처럼 복잡해진다. 가장 가까우면서도 남이 될 수밖에 없는 관계는 어쩌면 부부 사이가 아닐까. 늘 비우는 것을 못마땅하게 여기는 집 안의 누군가 있다면 완벽한 비움을 하기란 쉽지 않다. 비움의 방향으로만 잘 이끌어갈 수 있을 정도만 되어도 반은 성공이다. 나를 이해하는 정도만 생각해주는 것도 다행인지 모른다.

3장

비울수록
더 행복해지는
지혜로운 습관

매일 불필요한 것들을 하나씩
뺀다는 생각으로 정리하라

　정리는 일상이다. 매일 정리를 하지 않고 살 수는 없다. 밥을 먹어도 설거지는 해야 한다. 우리는 의식적으로 내 주변에 무엇이 불필요한 것이 있는지에 대해 알려고 하지 않는다. 불편한 것이 있어도 사는 데 지장이 없기 때문이다. 그런데도 우리는 불필요한 것들로부터 자유로워져야 한다. 당장에 정리가 안 된다면 하나씩 빼내어 보자. 빼기를 하다 보면 더해야 하는 물건도 나올 수 있다. 일단 하나 빼기에 초점을 두어 정리해보자. 사용하지 않으면서 자리만 차지하고 있는 것들이 바로 빼야 할 물건이다. 사용은 하지만 평생에 한 번 쓸까, 말까 한 물건도 있을 것이다. 자신이 좋아하는 것들도 때로는 버릴 줄 알아야 한다. 미니멀한 삶은 미니멀한 것을 좋아하게 한다.

한때 나는 화분 키우는 것을 좋아했다. 회사 책상 위에는 꽃집을 차렸냐는 말을 들을 정도로 푸른 잎에 둘러싸여 있었다. 꽃을 좋아했고 관엽식물을 좋아했다. 화초를 키우기 위해 매일 아침 출근해 식물 가꾸는 것에 온 신경을 썼다. 물을 줘야 할 때면 화분을 양손에 두 개씩 들고 화장실로 왔다 갔다 반복하기를 수십 차례 해야만 했다. 물주기를 몇 년간 계속했다. 누군가 버린 화분이 있으면 내가 가져와 잘 키워주기도 했다. 수목원을 만들고 싶을 정도로 꽃과 나무 식물들을 좋아했다.

제주로 이주해서 숲이 우거진 곳에 둘러싸여 살고 있다. 제주에는 5일에 한 번씩 장이 서는 오일장이 있다. 그곳에 가면 예쁜 화분을 파는 집이 있었는데 그곳에 들려 꼭 한두 개씩은 사 오고는 했다. 남편은 나에게 한마디 던진다. 잘 키우지도 못하면서 왜 자꾸 사느냐고. 듣기 싫은 말이었지만 틀린 말은 아니었다. 집 밖에는 주변이 온통 나무와 식물들로 가득하다. 그래서였을까.

빌딩 숲에서 화분을 정성 들여 키우던 나의 미다스의 손은 온데간데없었다. 오일장에서 사 온 화분들은 얼마 못 가 다 시들해져 더 이상 자라지 않는 상태가 되는 걸 발견하게 되었다. 바쁘다는 핑계를 댈 수도 없다. 수도꼭지는 뒤만 돌아도 있었기 때문이다. 물 주는 것에 게으름이 생겼던 것이다. 제주에서는 더 잘 키울 수 있을 거라는 생각은 착각이었다. 잦은 남편의 잔소리에 더는 화분을 사지 않게 되었다. 그 이후로도 나는 화초 키우는 것을 하지 않는다. 마지막까지 있던 화분 두 개도 결국은 서울과 제주를 오가면서 관심을 두지 않았더니 화초가 말라비틀어져 죽고 말았다.

언제부턴가 화분이 없는 주변의 시선이 들어왔다. 없으면 허전할 것 같던 그 자리가 더 깔끔하고 시원해보였다. 그때부터 마음을 달리 먹기 시작했다. 화초 같은 것은 키우지 말자. 자연 속에 사는데 무슨 화초를 키우나 싶었다. 화분을 빼버리니 공간이 환해지고 나에게 더 여유가 생겼다. 신경 쓸 일이 없어진 것이다. 잔소리도 듣지 않게 되었다. 물도 안 주면서 매번 화분을 죽이는데 왜 자꾸 식물을 사느냐는 그 잔소리는 결국 내가 만든 잔소리였다. 지금은 그런 잔소리는 듣지 않는다. 좋아하던 화초 키우기를 멈춰 버리니 그 공간이 더 좋아졌고 잔소리꾼이 사라졌다.

좋아했던 것들을 빼기 시작했다. 물건만을 빼는 것이 아니라 마음속에서도 지워내야 한다. 손으로 뭔가 만드는 것을 좋아했지만, 수십 년이 지나서야 깨닫게 되었다. 예쁜 것을 보면 내 손으로 직접 만들어봐야 직성이 풀렸던 나는 온갖 만들기 취미에 빠져 있었다. 그런 취미는 모두 몇 개월, 길어야 1년 정도였고 다 배우고 나면 다른 것이 눈에 들어왔다. 강사 자격증까지 땄던 종이공예도 결국은 모두 손을 놓게 되었다. 그렇게 배워서 금방 싫증을 내는 자신에 대해 더는 만들기 취미는 인생에서 그만 빼버려야겠다는 생각을 하게 되었다. 뭐든 한 번 만들기에 빠지면 도매상을 다 뒤져서라도 재료를 사 모으는 것이 짐을 늘리는 데 한몫하고 있었다.

제주에 와서 새로 생긴 취미로 모았던 만들기 재료들을 다 끄집어냈다. 비누공예, 캔들 만들기, 북아트, 스탬프공예, 캘리그라피, 수채화 그리기, 종이꽃 만들기, 퀼링아트페이퍼 등 재료와 그 재료를 담았던 수납함까지 모두 다 싹 다 정리하기로 마음먹었다. 다시는 눈길도 주지 말자며 중고마켓으로 모두 정리했다. 마음에서도 몽땅 다 날려버렸다. 자리를 차지하고 있던 공간도 넓어졌고, 아쉬운 마음도 남지 않았다. 특이한 모양의 펀치를 모으느라 고생한 보람을 느꼈던 도구들도 헐값에 다 넘겨 버렸다. 없으니 허전한 것이 아니라 너무도 홀가분했다. 이미 손에서 떠나 아무런 만들기도 하지 않는 나에게 남아 있는 도구와 재료들은 마음의 짐까지 쌓여 있었던 것이다. 그렇게 미련을 버리고 나니 공간도 넓어지고 내 시간이 더 많아지고 마음의 짐까지 모두 사라지게 되었다.

무엇인가를 뺀다는 것은 인생이 정리된다는 기분이다. 더하기를 하면 짐과 함께 마음도 무거워진다. 물건의 무게만큼 부피만큼 그 덩어리는 내 가슴 속 어디 한쪽에도 차지하게 된다. 더할수록 마음도 무거워지고 뺄수록 마음도 후련해짐을 느낄 수 있을 것이다.

다 빼고 났지만, 다시 찾게 되는 일이 생길 수도 있다. 필요하다면 그때 다시 사면 된다. 하지만 분명한 건 예전처럼 마구잡이로 사게 되지는 않을 것이다. 다시 뭔가를 해야겠다고 마음먹었을 때는 지난날의 비움을 떠올리며 더욱 신중하게 된다. 과연 내가 그 물건들을 다시 사들여야 하는 건가. 그것을 함으로써 나에게 득이 되는 것이 무엇인가. 나에게 위안이 되는 취미인가. 그것으로 소소한 돈을 벌 것인가. 큰돈을 벌 것인가 등 많은 생각을 하게 될 것이다. 그런 생각들로 가득하게 되면 쉽게 물건을 살 수 없을 것이다. 내가 미련 없이 정리했던 물건들을 다시 사들이는 것은 쉽게 결정짓지 않게 된다. 나도 그중에 하나였던 캘리그라피. 그것을 배우겠다고 붓과 화선지, 먹 등 요란하게 도구들을 사서 자격증까지 땄지만 결국 정리했다. 하지만 다시 시작하고 싶었던 마음이 생긴 것이다. 하지만 지금은 붓펜 하나 새로 산 것과 최근에 발행된 책 한 권 산 것이 전부다. 이제는 처음처럼 모든 것이 완벽하게 세팅되어 있지 않아도 되기 때문이다. 종이도 특별할 것도 없다. 그냥 굴러다니는 연습장에 쓰고 있다.

빼고 난 빈자리에는 맑은 에너지가 흐른다. 분명 그 에너지는 좋은 기분까지 가져다준다. 뺄 것이 없는 사람의 삶은 더 자기 일에 집중하는 사람일 것이다. 나를 가로막는 장애물은 모든 물건과 그 물건으로 인해 쌓이는 스트레스다. 결국, 스트레스도 자신이 벌려놓은 일로 쌓이게 된다. 단순히 정리한다는 것은 물건만 없애는 것이 아니다. 물건을 빼고 마음의 짐도 빼면 시간이라는 것을 얻게 된다. 우리에게 가장 소중한 것은 시간이다. 똑같이 주어진 시간을 어떻게 쓰느냐에 따라 인생이 달라진다. 지금까지 멋진 인생을 살았다고 생각하는가? 분명 아쉬운 부분이 더 많이 남을 것이다. 영원한 건 없고 순간은 누구에게나 똑같이 지나간다. 내 시간을 잡아먹는 것은 물건을 사서 채우고, 그것을 위해 신경 쓰는 것이다.

지금 당장 불필요한 것들이 눈에 들어오는 것이 있다면 그 물건을 들고 생각해보자. 나에게 필요한 물건인가. 이 물건이 나에게 무엇을 주는가. 앞으로도 필요한가. 하루에 하나씩 빼는 습관을 가져보자. 물건을 하나 사 왔다면 그 자리를 내어줄 다른 물건을 빼는 연습을 해보는 것이다. 빼지 않으면 수납공간을 늘려야 한다. 수납공간을 늘리지 말고 더했으면 빼야 한다는 공식을 기억하고 뺄 것들을 찾아보자. 냉장고에 물건을 채울 때도 넣기 전에 분명 빼야 할 것들이 있을 것이다. 다이어트도 지방을 빼야 살이 빠지듯이 냉장고에 있는 살찌는 음식부터 빼버리면 어떨까. 평생의 숙제인 다이어트는 냉장고 관리가 더 중요하다. 버리면 아깝다고 느껴지는 것부터 하루에 하나씩 버리기를 실천하고, 채우는 것은 천천히 채우는 습관을 들이자. 몸의 독소도 빼고 인생의 무게도 덜어내길 바란다.

화분 대신 꽃 한 송이를 꽂아놓고, 먹물 대신 가벼운 붓펜으로 캘리그라피를 쓴다. 심플하게 살기 위해서 나는 매번 못된 습관을 반복하며 살아왔다. 완벽할 수는 없다. 버리면 무언가를 쌓아야 한다는 망각의 세계가 나를 반복적인 삶으로 만들더라도 계속 싸워야 한다. 사람은 본능적으로 나도 모르게 늘어나는 물건에 대해 신경 쓰지 않게 되는 날이 오기 때문이다. 그래서 매일 일상의 패턴을 만들어 물건을 사러 나가기 전에 생각해야 하고 충동구매하기 전에 더 많은 생각을 한다. 생각을 많이 할수록 물건에 대한 미련이 없어짐을 깨닫게 되었다. 생각을 많이 하고 집에서 나서자. 버는 돈은 무한하지 않은데 사람의 욕심은 끝도 없다. 그 중간에서 우리는 늘 선택을 잘해야만 한다. 오늘도 불필요한 짐을 늘리지 않기 위해 두 개를 빼고 하나를 사 오는 방법을 연습해보자.

그래도 결국은 또 잊어버리는 삶을 살게 될 것이다. 책은 그래서 옆에 끼고 살아야 한다. 망각을 깨워주는 지침서이기 때문이다. 나만의 지침서가 되는 책은 항상 책상 위에 두고 보는 연습을 하는 것이 좋다. 이 책이 그런 책이면 좋겠지만 다른 책이어도 상관없다. 미니멀하게 산다는 것은 생각보다 쉽지 않다. 나도 책을 쓰고 있는 동안에는 더 열심히 미니멀하게 살려고 노력하고 있다. 행동해야 글도 잘 써지기 때문이다. 그래도 20년을 미니멀한 삶을 생각하며 살아왔기 때문에 잘하고 있고 잘된다. 뭔가를 사지 않는 것이 중요한 게 아니라 필요한 것이냐, 아니냐가 중요하다. 개인마다 필요한 물건들이 다르기 때문에 가지고 있는 물건이든 부동산이든 모두 상대적일 수밖에 없다. 자신에게 필요한 것이 무엇인지 잘 알고 물건을 들인다면 그게 최고다. 나에게 가장 필요한 것에 집중해보자.

정리하는 것도 습관이다

　습관을 익히는 것, 습관을 고치는 것. 고친다는 표현보다는 습관을 익힌다는 것이 더 잘 어울리는 것 같다. 우리는 다양한 습관을 가지고 산다. 습관은 잠재의식 속에 박힌 인과 같아서 무의식적으로 행하는 행동들이 많다. 좋은 습관을 가진다는 것은 장점을 하나 더 가지고 사는 것이다. 자신에게 가장 좋은 습관이 있다면 무엇인지 생각해보라. 나의 습관 중 하나는 정리하는 것이다. 일과의 우선순위는 항상 제일 먼저 정리로 시작한다. 정리는 청소와는 또 다른 개념이다. 청소가 쓸고 닦는 일이라면 정리는 어질러진 물건들을 제자리로 갖다 놓는 일 또는 불필요한 물건들을 버리는 일이다. 어제저녁에 설거지해놓은 그릇들을 정리하는 일은 나의 하루 중 가장 먼저 하는 일이다. 그릇을 제자리에 정리해놓는다. 싱크대 위에는 되도록 아무것도 올려놓으려 하지 않는다.

우리가 리조트나 콘도에 놀러 갔을 때를 생각해보자. 아무것도 없는 깨끗한 상태. 그 상태를 유지하는 것이 가장 완벽한 일이지만 일상의 자잘한 물건들까지 다 치우기란 쉽지 않다. 그런데도 눈에 띄는 모든 것을 안으로 넣어서 감추려 하는 것이 첫 번째 목적이다. 깨끗한 순간이 나에게 하루를 잘 시작하겠다는 의미이기도 하다. 최근 둘이서 사용하는 식탁을 4인용에서 2인용으로 줄였다. 평소에도 식탁에서 둘이 식사를 하는 경우가 별로 없기도 했고, 둘이 사용하기에 넓은 식탁이 굳이 필요 없었기 때문이다. 우리 부부는 한 끼에 한 접시를 선호한다. 한 끼용 식사로 주로 해 먹기 때문에 그릇도 여러 개가 필요 없다. 파스타를 해먹는 경우에 파스타 접시 한 개면 된다. 국수를 좋아하는 남편은 국수 한 그릇만 해주면 세상에서 제일 맛있다고 한다. 김치도 필요 없다. 국수 한 그릇이면 된다.

김치가 있을 때는 꺼내서 먹기도 하지만 우리 집에는 그 흔한 김치도 없는 경우가 많다. 김치 없이 잘 먹는 둘이 만나 김치에 대한 투정은 없어 편하다. 김밥도 각자 한 줄씩 말면 끝이다. 볶음밥 한 접시, 국도 된장국 하나면 반찬이 그걸로 전부다. 한 가지 요리로만 먹는 식습관이 비슷해 반찬을 따로 할 일이 없다. 둘 다 먹는 데 들이는 시간을 많이 두지 않는다. 그래서 설거지도 간편하다. 요즘에는 둘이 사는 집에도 식기세척기를 놓고 사는 사람들이 많아졌다. 우리는 설거지가 달랑 접시 두 개이기 때문에 식기세척기 돌리는 전기요금이 더 나갈지도 모른다. 둘이서 밥 한 끼만 먹어도 정리할 것은 많다. 설거지만 있는 게 아니라 주변 정리까지 해야 하기 때문이다. 먹고 바로 치우는 습관도 길러야 한다. 바로 치우지 않는 사람들이 의외로 많다는 걸 알았다. 정리습관은 우리가 매일 먹는 식사 시간에도 볼 수 있다.

설거지를 미루는 습관처럼 안 좋은 습관도 없다. 설거지가 가득 쌓인 주방을 보면 보기에도 좋지 않을뿐더러 다음 식사 시간에 그것을 치우지 않으면 식사 준비하는 것이 더 번거롭고 불편해진다. 이런 습관은 고쳐야 할 나쁜 습관이다. 더러운 물건들은 우리에게 안 좋은 영향을 끼치기 때문에 청결과 깨끗함을 유지하는 것은 미니멀한 습관에서 가장 중요한 일이다. 습관을 들이는 데 오래 걸리지 않는다. 바로 하는 습관을 들이면 된다. 지금 바로 1부터 10까지 세어본다. 그리고 시작하면 그만이다. 설거지를 미루는 습관이 그렇게까지 잘못된 습관인가 할 수도 있겠지만, 작은 습관 하나를 보면 그 사람의 모든 습관을 들여다볼 수 있다.

톰 콜리(Tom Corley)의 《습관이 답이다》에서는 다음과 같이 설명하고 있다.

"미루는 것은 나쁜 습관이다. 미루는 습관이 있으면 아무리 재능이 뛰어난 사람이라도 인생에서 성공하지 못한다. 대부분의 사람이 나쁜 습관을 가지고 있으며, 일생 경제적으로 힘들어하는 건 우연이 아니다. 성공을 결정하는 변수는 아주 많지만 할 일을 미루는 것은 그중에서도 큰 변수다"라면서 "일을 미루는 가장 큰 원인은 자기 일에 대한 열정이 없기 때문이다. 전 세계의 근로 인구 중 87%는 일에 대한 열정이 없다. 일을 미루는 버릇은 인생에서 경제적으로 곤란을 겪게 되는 가장 큰 이유다. 일을 미루는 것은 직장에서 상사나 동료들과의 신뢰를 해친다"라고도 했다. 또한 "업무의 질을 떨어뜨리고 단골, 고객, 사업상 친분 관계에 있는 사람과의 업무에도 영향을 미친다. 일을 미루는 것은 스스로 신뢰하지 못할 사람으로, 혹은 자신의 업무 성과를 형편없는 것으로 낙인 찍는 것과 같다. 더욱 나쁜 것은 일을 미룬 결과가 소송으로 이어질 가능성도 있다는 점이다. 이로 인해 스트레스가 쌓이고 막대한 비용이 지출될 수도 있다"라고 말했다.

습관 중에서도 가장 많이 가지고 있는 것은 미루는 습관일 것이다. 나도 정리 하나만큼은 습관으로 자리하고 있지만 다른 것을 미루는 습관을 가지고 있다. 하고자 하는 일, 해야 하는 일, 해야만 하는 일 모두 미루고 있다면 우선 종이에 적어서 무엇을 미루고 있는지를 글로 써보자. 아마도 한두 개쯤은 가지고 있을 것이다. 다이어트를 시작한다던가 운동을 해야겠다던가 영어를 배워야겠다던가. 하루에 만 보를 걸어야겠다고 다짐하고 며칠을 도전하다가 말았다던가. 누구에게나 열망은 많이 있을 것이다. 그중에 하나라도 잘 지키고 있는 습관이 있다면 적어 놓은 순서대로 습관을 키워보는 연습을 해보자. 그 중 정리하는 습관은 큰 목표로 담아둘 만큼 어려운 숙제도 아니다. 어떻게 보면 일상생활에서 가장 쉽고 가장 빠르게 터득할 수 있는 작은 습관이 아닐까 한다.

정리하는 습관만 미루지 않는다면 다른 일에서도 제때 처리할 수 있는 몸에 밴 좋은 습관을 길들이는 데 도움이 될 것이다. 정리하는 습관은 별것이 아니다. 내가 사용했던 물건을 제자리에 놓는 일이다. 밥을 먹고 바로 설거지를 하는 일. 빨래가 쌓여 있다면 바로 세탁기를 돌려야 하는 일. 세탁기가 다 돌아갔으면 바로 널어놓는 일처럼 일상 속의 연속을 끊임없이 이어지게 만들어내는 일이다.

회사 일도 마찬가지다. 책상 주변을 정리하는 일부터 깔끔하게 청소해보자. 평소보다 업무 효율이 더 높아진다는 걸 알아차릴 것이다. 산만한 주위환경보다 정돈된 주변은 정신을 맑게 해주고 집중력을 높여주기 때문이다. 책상이 지저분한 사람들의 행동을 관찰하면 늘 분주해 보이고 정신없어 보인다. 집중을 잘 못할 뿐만 아니라 안 좋은 에너지로 인한 불만으로 불평이 더 많아지는 것을 볼 수도 있다. 이것은 내가 27년간 직장생활을 하며 봐온 주변 사람들에 대한 개인적인 견해이니 오해는 하지 않았으면 좋겠다. 일을 잘하고 못하고의 경계가 아니다. 습관에 관한 이야기다. 회사에서는 산만하게 있는 사람들도 집에 가보면 깔끔하게 정돈된 모습으로 살고 있는 사람들도 간혹 있다.

정리는 습관의 기본이라고 말하고 싶다. 미니멀 라이프를 하기 위해서는 기본의 정리습관에서 하나를 더해야 한다. 미루지 않는 습관이다. 정리를 미루지 않음으로써 정체되지 않는 에너지를 흐르게 만들 수 있기 때문이다. 우리 눈에는 보이지 않는 진동과 주파수가 있다. 과학적으로도 밝혀진 진동과 주파수는 우리가 느끼지 못하는 에너지에 붙어 어떠한 행동을 하느냐에 따라 상황을 좋게도 나쁘게도 만들어준다. 나쁜 에너지를 원하는 사람은 없을 것이다. 불필요한 물건을 정리하고 필요한 물건을 잘 정돈한다면 높은 진동과 함께 행복한 에너지를 전달해줄 것이다.

벡스 킹(Vex King)의 《하이로우, 진동의 법칙》에서는 '진동의 법칙'을 통해서, '운'은 우리가 충분히 통제할 수 있다고 말하고 있다.

"먼저, 라디오 주파수를 맞추는 장면을 떠올려 보자. 원하는 프로그램을 청취하기 위해서는 수십, 수백 개의 채널 중 원하는 채널에 주파수를 찾아 맞춰야 한다. 우주는 끊임없이 폭발하고 팽창하는 무한한 진동의 세계다"라면서 "우리의 몸도 마찬가지다. 심장이

뛰는 동안, 인간은 쉬지 않고 진동하는 셈이다. 우리가 긍정적으로 생각하며 높은 진동을 내보내는 건 좋은 운, 행복한 미래에 삶의 주파수를 맞추는 것과 같다. 우주는 당신의 진동에 반응하고, 당신이 발산하는 모든 에너지에 화답하게 되어 있다. 이것이 바로 '진동의 법칙'이다"라고 한다.

진동의 법칙을 이용해서 정리의 습관을 인생에 하나 더하기 해보자. 행복한 인생은 자신이 만드는 것이다. 행복은 누가 만들어주지 않는다. 스스로 만들어나가는 힘을 누구나 가지고 있다. 나는 요즘 수백일 째 행복 중이다. 행복해지고 싶지 않은가. 나는 매일 매일 행복해지기 위해 미니멀 라이프를 실천한다. 비움도 중요하지만 정리하는 습관은 더 중요하다.

아깝다면 이 물건을 다시 살 것인가, 질문을 던져보라

물건을 사는 행동에 대해서 곰곰이 생각해봤다. 왜 우리는 물건을 계속 사들이는 것일까? 삶에서 꼭 필요한 것만 사고 불필요한 것을 사지 않는다면, 누구나 부자가 될 수 있을 것이다. 우리는 생각보다 돈을 많이 번다. 지출을 많이 하기 때문에 항상 주머니가 가볍고 더 많은 돈을 벌기 위해 안간힘을 쓰는 것이다. 최근 서울에 방을 하나 얻으면서 미니멀 라이프로 살기에 좋은 오피스텔이라 생각하며 옷 몇 벌만 들고 이사했다. 먼저 있던 세입자가 놓고 나간 큰 소파가 자리를 차지하고 있긴 했지만 쓰다가 정리할 생각이었다. 그리고 나서는 가장 필요한 것이 무엇인지 고민을 하고 필요한 물건 몇 가지를 사왔다. 당장 필요한 것은 이불과 노트북을 올려놓을 책상 정도였다.

그렇게 필요한 것을 준비했는데 매일 뭔가를 채우고 싶다는 생각이 자꾸 머릿속을 맴돌기 시작했다. 그리고는 쇼핑을 하러 나간다. 쓸데없이 돌아다니며 아이쇼핑을 하고, 안 사도 되는 물건을 애써 구경하며 시간을 쏟아붓는다. 도대체 왜 이런 행동을 하는 걸까? 어쩌면 조상 대대로 물려받은 유전적인 속성이 있는지도 모른다. 엄마는 여든 살이 가까이 되는 나이임에도 불구하고 집 밖으로 나가는 것을 좋아한다. 항상 어디를 다니신다. 그뿐만 아니라 일도 다니신다. 다니면서 뭔가를 사서 힘들게 들고 집으로 들어간다. 집에서도 홈쇼핑으로 뭔가를 계속 주문한다. 어느 날 엄마와 똑같이 행동하고 있는 나 자신을 발견했다. 우리가 알게 모르게 하는 행동 속에는 유전자의 힘이 가득 실려 있는 것 같다. 잘 바뀌지 않는 성격이나 습관, 습성, 태도 등은 모태로부터 나온 것들이라 쉽게 변하지 않는지도 모른다.

홈쇼핑에서 물건 사는 것을 즐겨 하던 나는 엄마와 같은 것을 주문하고 있을 때도 많았다. 불필요하게 TV를 켜놓고 괜히 물건을 주문한다. 홈쇼핑의 단점은 수량이 많다는 것이다. 대신 가격이 저렴하다는 장점이 더 컸기 때문에 무의식적으로 싸다는 인식을 하고 있었는지도 모른다. 나는 이런 무의식 속에 잘못된 정신세계를 뜯어고치고 싶었다. TV를 방에서 없앴더니 홈쇼핑할 일이 없어졌다. 사실 그동안 불필요한 것들을 계속 습관처럼 주문하고 있었다는 것을 깨달았다. 그래서 요즘은 TV가 없기 때문에 온라인쇼핑 대신 주변 쇼핑몰을 찾아다니고 있었던 것이다. 이것도 그냥 하나의 습관이었구나, 깨닫는 순간이었다. 살 것도 없으면서 연말이니 세일 하겠지, 무슨 날이니 세일 하겠지, 세일을 하면 원 플러스 원으로 뭐라도 하나 얻어 오겠지, 하는 거지 습성을 가지고 있었던 것이다. 홈쇼핑을 끊고 나서 나 자신을 칭찬했던 것이 무색해질 정도였다.

그렇다고 물건을 많이 사거나 한 건 아니지만 밖으로 나가는 행동을 멈춰야겠다는 생각을 했다. 에너지 소비를 쇼핑으로 할 바에는 공기 좋은 산을 오르거나 둘레길을 걷는 것이 좋겠다고 결론을 지었다. 집 안에 물건을 채우기 위해 쓸데없는 쇼핑을 하는 데 시간을 쏟고 있는 나를 스스로 잡았고 글을 쓰면서도 왜 자꾸 물건을 사고 싶은 생각이 드는지에 고민에 빠졌다. 서울 집에는 뭔가를 자꾸 채우려고 고민하고 있으면서, 제주에 가면 뭐라도 버리기 위해 온 수납장을 열었다 닫기를 반복한다. 많이 버렸고 더 이상 버릴 것이 없는 것 같은데도 자꾸 버릴 것을 찾는다. 이 무슨 언밸런스한 행동인가. 잡동사니가 많은 제주에서는 매일 버릴 생각을 하고 아직 채워지지 않은 서울 집에는 무엇을 자꾸 채워 넣으려고 하고 있으니 말이다.

새로운 것들이 쏟아지는 세상이다. 그런 세상에서 밖으로 나가 구경한다는 건 신문물을 받아들여야 하는 것이다. 사람의 욕심은 새롭고 신기한 것을 보면 가만히 있지 못하는 버릇이 있어 자신과 궁합이 잘 맞는 물건을 찾게 되면 거기에 꽂히게 된다. 희한한 것은 제주에서의 삶은 그런 욕심에서 멀어진다는 것이다. 시내에서 아주 멀리 떨어진 시골에서 살게 되면서 신문물과 떨어지니 물건에 대한 관심이 멀어지는 건 자연스럽다.

내가 어디에 살고 있는지가 물건에 대해 바라보는 관점이 달라진다. 제주에서는 한 번 버렸던 물건은 다시 사지 않는 마음이 생겼지만, 서울 생활은 달랐다. 예전에 버렸던 물건인데도 다시 반복을 하고 있는 물건들이 주변에 하나둘씩 생겨나는 것을 발견한다. 물론 제품의 디자인과 용도가 다르긴 하지만, 좋아하는 것은 잘 변하지 않는다는 결론을 내렸다. 그래서 반드시 물건을 버릴 때는 아깝다는 마음을 가지기보다 진심으로 좋아하는지 아닌지가 더 중요하다고 본다. 다시 그 물건을 살 것인가 영영 사지 않아도 되는 물건인가를 잘 따져보게 된다.

내가 버린 물건 중에는 즙으로 내려 먹는 착즙기가 있었다. 마음에 드는 신기술의 기계였으나 뒤처리가 번거로운 제품이었고 사용하기 전에 항상 설거지를 먼저 생각하게 되는 그런 물건이었다. 그래서 고민 끝에 중고로 저렴하게 정리해버렸다.

이후로는 그 물건에 대해서는 아예 생각도 하지 않는다. 이렇게 아까워도 정리하면 속 시원한 물건들이 있다. 앞으로 평생 내가 갖지 않아도 되는 물건이 된 것이다. 그런 것 중 하나가 바로 스팀다리미다. 다림질하는 것을 세상에서 가장 싫어하는 나에게 다리미는 보는 것만으로도 지치게 하는 물건이다. 그런 물건을 스커트 하나 다리겠다고 서울 와서 하나 장만했다. 1년 동안 한 번이나 사용했을까. 다림질하는 옷은 사지 말자고 그렇게 외쳤으면서 스팀다리미는 홈쇼핑 마술에 빠졌을 때 구입하게 된 것이다. 결국, 나에게 부정적인 감정을 가지고 있는 물건은 없애기로 했다. 당장에 내다 팔았고 자리를 차지하는 공간도 없어졌다. 물건을 버리는 기술 중에는 자신과의 궁합도 중요하다. 신문물, 우리를 편하게 해주는 물건들에 속지 말아야 한다.

실제로 지금 주위를 둘러보면 다 세상에 없던 물건들이다. 없이도 잘 살았던 물건이고 앞으로도 없이 잘 살 수 있는 물건이다. 어쩌다 한번 먹는 주스는 생과일주스 파는 곳에서 사 먹으면 된다. 어쩌다 한번 하는 다림질도 그냥 세탁소에 맡기면 된다. 고기구이를 좋아하는 우리 부부에게는 자이글이라는 엄청난 기계가 찰떡궁합처럼 잘 맞았다. 거의 매일 고기를 굽다시피 해서 사용했던 그 물건은 코팅이 다 벗겨지고도 몇 년을 사용하고 안녕 했다. 하지만 같은 물건을 사지 않기로 했다. 고기는 그냥 프라이팬에 구워 먹어도 손쉽게 먹을 수 있기 때문이다. 그동안 불필요한 것들을 집에서 해 먹겠다고 사들였던 물건들이 얼마나 많았는지 헤아릴 수가 없다. 아깝다고 못 버릴 것인가.

생각해보면 아까울 것이 하나도 없는 물건들이다. 단지 그 물건을 사기 위해 들였던 돈이 아까운 것뿐이다. 집 안에 사용하지 않는 물건을 들여놓는 것보다 그 돈을 통장에 돈으로 쌓아놓는다면 매일 돈 없다, 소리는 안 나올 것이다. 그렇게 사놓은 물건들만 통장에 잘 모셔 놓았으면 지금 이렇게 서울에서 다시 직장생활하고 있지는 않을 테니 말이다. 아깝다고 생각하는 것은 돈이지 물건이 아니다. 편리함에 익숙해져서 모든 것을 집 안에서만 하려고 하니 그 물건들이 필요한 것이다. 생각보다 집에서 매일 사용하며 자신을 편리하게 해주는 것은 지금 떠오르는 딱 그것뿐이다. 망설이지 말고 신기한 물건들은 집어 들고 정리해야 한다.

물건을 살 때도 마음에 드는 물건이 있을 때 그 돈을 매월 저축해보자. 절제할 줄 아는 사람만이 미니멀 라이프도 즐길 수 있다. 미니멀 라이프는 절약과 절제를 배우는 습관과도 같은 것이다. 물건을 모으지 말고 돈을 모으고 지식을 쌓는 것이 가장 현명한 삶이라는 것을 깨달아야 한다. 알면서도 매번 정신이 외출하는 경우가 많지만 늘 상기시키며 나도 절제에 대해 많이 생각하고 적게 먹고 사지 않는 생활에 적응하기 위해 매일 노력하는 중이다.

이 책을 읽고 있는 순간은 공감이 가고 당장에 버리고 싶은 마음이 들겠지만, 책을 덮는 순간 언제 그랬냐는 듯 우리는 무의식세계에 사로잡혀서 다시 내 생각대로 살게 될 것이다. 늘 생각하고 행동하는 습관만이 미니멀 라이프도 할 수 있고 행복을 찾을 수도 있다. 그래서 눈에 보이는 곳에 잘 적어두는 것도 하나의 좋은 습관이다. 머리로 기억이 안 되면 적어놓은 글을 보면서 생각하는 습관을 길러보자.

예쁜 쓰레기부터 버려라

　여자들은 예쁜 것을 좋아한다. 물론 남자들도 예쁜 물건을 보면 갖고 싶은 욕망이 있을 것이다. 그 대표적인 예가 자동차가 아닐까. 나도 한때는 자동차를 좋아했었다. 노란색 미니쿠퍼를 중고자동차매매센터에서 처음 보게 되면서 '이렇게 예쁜 차도 있었구나' 하며 한눈에 반해 바로 구매한 적이 있었다. 예쁜 것만 보면 바로 사야 하는 욕구가 엄청나게 강하던 때였다. 그렇게 집을 산 경우도 있다. 충동구매는 결코 좋은 것이 아니다.

　미친 듯이 비우기를 한 후 몇 년간은 집 안에 짐이 별로 없었다. 그런데 어느새 다시 쌓이고 있던 잡동사니에 대해 무뎌져 가고 있는 나를 발견했다. 나의 정리벽은 몇 년에 한번씩 신내림처럼 찾아왔다. 제주로 이사 가기 전, 회사를 졸업하고 카페와 숙소를 할 생각에 들떠 있었다. 그곳에 꾸미고 싶은 예쁜 것들이 눈에 들어오기 시작하면서 물건을 하나둘씩 사 모으기 시작했다. 카페에 걸어둘 액자, 예쁜 컵, 전등, 소품 등 정신없이 사 모았다. 그렇게 오픈한 첫 카페는 잡동사니 천국 카페가 되고 말았다.

언제부턴가 예쁜 것들이 내 주변에 쌓이기 시작했다. 파리를 동경했던 나는 에펠탑 모양의 조명을 발견했다. 수작업으로 만든 높이 1m 정도 되는 고급스러워 보이는 조명이었다. 안 사고는 못 배길 정도로 욕구가 심해져 결국은 비싼 값을 주고 사버렸다.

예쁘다는 이유로 샀지만, 팔고 싶을 때가 되어서야 알았다. 나에게 쓰레기였다는 것을. 결국, 버리지는 못하고 나를 따라 제주로 이주해온 친언니에게 주었다. 그렇게 제주에 내려와서 사 모으게 된 예쁜 것들은 온통 예쁜 쓰레기들의 천국이었다. 내가 좋아하는 것 중 사 모으기에 집중한 딱 두 가지가 있다. 조명과 블루투스 스피커다. 이 두 가지는 여전히 관심사로 남아 있다. 조명을 좋아했던 나는 집을 지을 때도 조명 하나하나에 신경을 썼고 집 꾸미는 데 가장 많은 돈을 썼다.

그러던 어느 날 예쁜 것 순서대로 정리하기로 마음먹었다. 제주에서 여러 개의 숙소를 운영하면서 인테리어로 구매했던 소품들과 예쁜 그릇 등, 카페를 운영하면서 모았던 예쁜 컵, 앤틱가구 등. 모든 것을 정리해야겠다고 마음먹었고 남김없이 싹 정리했다. 버리기 아까운 것들은 중고마켓에 올려놓고 중고로 판매했다. 카페와 집에 설치했던 조명도 다 떼서 팔았다. 카페에는 화려한 조명들이 많았는데, 그것 또한 모두 떼어 팔았다. 안방에 걸린 우주선 모양의 꽃 조명도 다 팔아 치웠다. 예쁜 것들은 거래가 잘되었다. 물론 저렴하게 내놓으면 다 잘 나간다.

예쁜 것들만 골라 중고로 다 판매하면서 그토록 아끼던 것까지 정리할 수 있었던 마음은 첫 비우기를 할 때 손편지까지 버리는 마음과 같아서였던 것 같다. 못 버릴 것처럼 그렇게 애지중지하더니 결국 정리가 되더라. 난 그때 예쁜 것들만 모아 정리한 이후로 다짐했다. 예쁜 것은 절대로 사지 말자. 그 이후로 난 예쁜 것을 보면 절대 사지 않기로 한 나와의 약속을 상기시키며 지금까지 잘 유지하고 있다.

그 후로 예쁜 물건을 사는 것에 관심이 없어졌고 모든 관심이 공부에 쏠렸다. 예쁜 것을 만드는 것도 좋아했지만 세상의 모든 예쁜 것과는 담을 쌓자고 마음먹었다. 핸드메이드 공예 도구들도 몽땅 다 정리했다. 대신에 지적인 내면의 아름다움을 키우기로 했다. 똑똑하고 현명한 여자가 되고 싶었다.

예쁜 것은 쓰레기일 뿐이라고 눈길도 주지 않았다. 물론 생활에 필요하지 않은 비실용적인 것을 말하는 것이다. 최근에 예쁜 것을 구매한 것이 있다. 예쁜 샤프와 볼펜이다. 그리고 만년필도 마음에 드는 디자인으로 구매했다. 일기를 쓰기 시작했는데 예쁜 펜으로 쓰면 더 잘 써질 것 같았기 때문이다. 필요한 물건을 살 때는 이왕이면 예쁜 것을 사고 싶은 것은 당연하다. 그동안 예쁜 것으로 가장 사 모으기 좋아했던 것은 블루투스 스피커였다. 음악을 좋아하는 나는 예쁜 스피커만 보면 사고 싶어진다. 물론 그것도 현재 가지고 있는 것 한 개 빼고는 다 정리했지만, 아직도 예쁜 스피커를 발견하게 되면 기웃거리기도 한다. 좋아하는 마음만 가지고 살아도 편해지더라. 하루에 음악을 1분도 듣지 않으면서 핑계를 댄다. 스피커가 없어서 못 듣고 있는 거라고.

예쁜 것을 정리하고 나면 예쁜 것이 눈에 들어오더라도 기웃거리지 않게 된다는 것이다. 웬만하면 심플하면서 실용적인지를 따지려고 한다. 물론 지금은 뭔가 예쁜 걸 사려고 하지도 않는다. 필요한 것만 있으면 된다고 생각한다.

예쁜 물건 중 생활에 도움이 되지 않는 것부터 정리해보자. 해외여행에서 사 온 기념품들, 열쇠고리, 머그잔, 엽서, 액자, 그 외 다양한 것들이 셀 수 없이 많을 것이다. 시간이 지나면서 애착의 마음도 멀어지게 되어 있다. 그렇다면 그 물건의 수명은 다한 것이다.

여행에서의 설렘은 돌아와서 그리 오래 가지 않는다. 그렇게 쌓인 기념품 중에는 아마 10년을 넘게 가지고 있는 것들도 있을 것이다. 추억을 잠시 상상할 수는 있겠지만 에너지는 없어졌을 것이다. 그 추억을 못 버릴 것 같으면 추억의 노트를 한 권 만들어 사진을 찍고 프린트해 짧은 메모와 함께 노트에 붙여보자. 우선 오래된 것부터 하나씩 정리해보는 것부터 시작해보면 된다.

예쁜 쓰레기가 차지하는 대부분은 실생활에 사용되지 않는 것들이 많다. 예쁘다는 존재 이유 하나만으로 그 자리를 차지하게 된다. 꽃을 좋아하는 나는 철제로 만들어진 화병을 처음 발견하고 신기해서 구매했던 기억이 난다. 예쁜 것은 가격도 싸지 않다. 두 개를 가지고 있었는데 한 개는 중고물품으로 팔았다. 남은 한 개는 정리하지 못하고 현재 운영하는 숙소 작은 방에 놓았다. 그 물건을 처음 만났을 때의 기쁨은 사라졌다. 우연히 그 철제 화병이 있는 방에 가게 되었는데 눈길조차 가지 않았다. 그런 물건들을 정리하라는 것이다. 처음 발견할 당시의 아름다웠던 감정, 행복했던 그 감정이 없으면 가지고 있을 필요가 없다. 나에게 주는 행복의 에너지가 없으면 정리하는 것이 답니다.

선물 받은 것 중에 버리지 못하는 것들을 발견한다. 선물이라는 상대방의 감정 때문에 버리지 못하는 경우가 많다. 내가 결혼 선물로 받았던 선물 중 삼각형 모양의 유리 접시가 있다. 5개가 1조인데다 모아놓으면 동그란 원형이 된다. 유일하게 10년이 넘도록 가지고 있는 물건임에도 버리지는 못하고 있다. 이유는 자주 사용하고 있기 때문이다. 예뻐서 눈으로만 보는 것이 아니고 실생활에 활용하는 것이라면 그것은 좋은 에너지를 받는 것이기 때문에 두고 사용하는 것이 더 좋다.

그렇지 않은 경우가 대부분이라는 것을 말하고 싶은 것이다. 부엌에 있는 예쁜 그릇, 특히 선물 받은 그릇을 박스째로 보관하고 있는 경우를 종종 보게 된다. 보관하고 사용하지 않을 바에는 그냥 정리해 버리는 것이 낫다는 것이다. 나에게 오는 행복한 감정이 없는 것들은 집 안 구석에 처박혀 정체된 에너지로 남아 있기 때문이다. 그 에너지는 고스란히 자신의 몫이 된다는 것을 알아야 한다.

쌍을 이루지 못하는 물건 또한 버리는 것이 좋다. 두 개가 있어야만 완성이 되는 것들은 한 개로 좋은 에너지를 전달해주지 못한다. 또한, 보는 즐거움도 생기지 않는다. 특히 미혼이라면 더욱 쌍을 이루고 있는 것을 가지고 있어야 제 짝을 빨리 찾을 수 있다. 어느 풍수 관련 책에서 읽었던 내용이다. 기혼이라면 부부 금슬을 위해서라도 쌍으로 된 것을 장식하라고 한다. 아무리 예뻐도 우리에게 안 좋은 영향을 끼친다면 좋을 것이 없다.

예쁜 것을 진열하고 있을 때보다 아무것도 없는 공간이 주는 매력에 빠져보자. 더 이상 나에게 흥미롭지 않은 예쁜 쓰레기는 이제 보내야 할 때가 왔다는 것을 빨리 알아차리자. 차라리 싹 정리하고 내 마음을 설레게 하는 실용적인 품목으로 바꿔보는 것은 어떨까? 먹어서 없앨 수 있는 것, 꺼내서 매일 사용할 수 있는 것, 쓰면 쓸수록 닳는 모습을 볼 수 있는 것. 최근에 예쁜 여행용 가방 하나를 남편이 선물로 사주었다. 명품 캐리어라고 일컫는 브랜드인데 가격대가 좀 있었다. 예쁘니 당연히 비싸겠지, 했지만 예쁘면서도 실용적으로도 알아주는 브랜드다. 캐리어는 여행하는 즐거움이 있어야 한다.

예쁜 것은 아껴 사용하는 것이 보통인데 자주 사용하면서 닳는 모습을 본다. 나는 물건에 흠이 생기는 것을 정말 싫어했었다. 하지만 낡은 예쁨이라는 것을 남편을 통해 배웠다. 여행 가방은 여행의 흔적을 많이 남기는 것이 더 설렘을 가져올 수 있다는 것을 경험하고 있다. 서울과 제주를 오가며 가지고 다니는 예쁜 캐리어는 나에게 행복을 주는 것 중 하나다. 수화물에 굴려서 여기저기 긁히고 있다. 여행 가방의 매력은 여행의 흔적이었다. 자주 사용하는 것일수록 소장의 가치가 있는 법이다.

'예쁜 것은 사지 않는다'라는 마음을 갖게 된 후부터 소장 욕구는 사라졌다. 쇼핑하다가 예쁜 물건을 발견했다면 우선 감상의 시간을 가져라. 그리고 절대 사서 집으로 오는 일만 없으면 된다. 그것이 집으로 오는 순간 후회가 시작된다. 빈손으로 왔다면 분명 '안 사길 잘했어'라는 생각이 들 것이다. 그냥 스치듯 지나온 예쁜 쓰레기는 금방 잊히고 만다. 지난 겨울에 갖고 싶어 했던 스피커와 탁상용 스탠드가 있었다. 얼마 전에 다시 그 매장에 들려 물건을 봤지만, 그때만큼 설레지 않았다. 갖고 싶은 마음도 사그라들었다. 그렇듯 순간만 잘 참고 보내면 모든 예쁜 것들은 오래 가지 않는다는 것을 깨닫게 된다.

정말 갖고 싶은 예쁜 물건이 있다면 목록을 적어 리스트를 만들어라. 그리고 나서 매일 펼쳐보자. 내가 가진 모습을 상상하며 잠시 행복에 빠져본다. 과연 그 물건이 있다면 더 행복할까? 없다고 내 삶이 불편할까? 대부분 예쁜 것들은 가격이 싸지가 않다. 저렴하고 예쁜 것은 예쁘다고 할 수 없다. 예쁨의 가치를 떨어뜨리는 것이기 때문이다.

사람마다 예쁘다고 생각하는 물건의 기준은 모두 다를 것이다. 그 물건이 예쁜 쓰레기로 전락할 것인지, 소장의 가치로 장식이 될 것인지, 활용도 있는 물건으로 쓰일 것인지에 대해 확실히 구분하자. 그리고 나서 나에게 진정으로 행복을 가져다줄 것이라면, 그때 구매해도 늦지 않다.

적어도 이 책을 읽고 있는 사람이라면 맥시멀리스트는 아닐 것이다. 미니멀 라이프로 행복을 꿈꾸는 사람이라면 반드시 짚고 넘어가야 할 문제가 예쁜 쓰레기를 모으지 않는 것이다. 나는 당신이 예쁜 쓰레기를 모으는 대신 책을 한 권 사서 읽으라고 권하고 싶다. 지식을 채움으로써 나 자신의 가치를 더 예쁘게 만들어보라는 것이다. 세상의 모든 예쁜 것들은 백화점에 모두 모여 있다. 날을 잡아 구경이라도 가보자. 보는 즐거움만으로도 행복을 얻어올 수 있다. 행복한 에너지만 받아서 오면 된다. 생활에 꼭 필요한 물건이 아니라면 사서 집으로 돌아오는 일만 없길 바란다.

1년 동안 쓰지 않았던 물건은
앞으로도 필요 없는 물건이다

    큰 집으로 이사하고 싶은 마음이 든다는 것은 그만큼 집 안에 물건이 많다는 증거다. 더이상 채울 공간이 없기 때문에 자꾸 집을 늘리고 싶은 것이다. 버리지 못하는 사람들의 특징일 수도 있다. 물론 아이들이 있는 집은 가족 수에 맞는 공간이 당연히 필요하다. 어쨌거나 이 책을 집어 든 사람은 정리가 필요한 사람일 것이다. 사용하지 않는 물건이라고 무조건 버려야 한다는 것은 아니다. 자주 사용했더라도 너무 오래되고 낡았다면 바꿔보는 것도 좋은 방법 중 하나다. 물건을 오래 가지고 있는 것도 사람의 성향에 따라 다르다. 나는 물건을 오래 가지고 있는 것보다는 새로운 것을 좋아한다.

비우는 것을 좋아하는 나에게는 비우고 채우기를 반복하는 패턴이 더 자연스럽다. 물건을 버리는 시기는 따로 정해져 있지 않지만, 기본적으로 1년이라는 기간을 둔다. 1년 동안 사용하지 않았던 물건이라면 자신에게 필요 없는 물건이다. 가끔은 선물을 받아놓고도 이 물건을 어디다 써야 할지 몰라 계속 서랍 안에 두고 있는 것들을 발견할 수 있다. 선물이라는 것은 마음이지 물건이 아니다. 그 마음만 받으면 된다. 누군가에게 선물을 준다는 것은 모두 마음에서 주는 것이다. 그 물건을 직접 손으로 만들어서 준 것이 아니라면 마음만 고스란히 담아두면 된다.

1년이라는 시간은 365일 누구에게나 똑같이 주어지는 시간이다. 결코, 짧은 기간은 아니다. 우리는 그 같은 시간을 잘게 쪼개서 잘 활용해야 한다. 버리는 데도 시간이 필요하다. 물건을 사용하는 횟수로 정리해보자. 1년에 몇 번을 사용할 것인가. 한 달에 몇 회를 이용할 것인가. 하루에 그 물건을 사용하는 빈도수가 있는가. 매일매일 사용하는 물건인가. 어떤 물건은 몇 년에 한 번 사용할까, 말까인 물건도 있다. 평생 쓸모없는 물건도 있을 것이다. 그런데도 이사할 때 신줏단지 모시듯 들고 다닌다.

그 물건이 무엇인지 모르지만, 물건을 살 때 들이는 비용, 보관하는 데 들이는 비용, 이전하는 데 들이는 비용. 물건이 하나 늘어날 때마다 우리는 보관 비용도 함께 발생한다. 청소하는 비용, 보관하는 비용, 이사를 한다면 이사비용 등 물건 하나에 딸려 오는 비용은 물건값만이 아니다. 마음의 무게까지 함께 따라온다. 마음의 짐을 쌓는 것과 같다. 우리는 돈을 벌어서 쓰기에만 바쁘다. 마치 돈을 쓰기 위해 태어난 사람들처럼 경쟁하듯 돈을 쓴다. 돈은 잠자는 것을 싫어한다. 돈은 사람들이 많이 써주기를 기다리는 요물 같은 존재다. 돈을 잘 다루는 것도 배워야 한다. 우리가 물건으로부터 자유로워지는 방법이기도 하다.

김승호 회장의 저서 《돈의 속성》에서는 "돈은 인격체다"라고 말하고 있다.

"돈은 인격체가 가진 품성을 그대로 갖고 있기에 함부로 대하는 사람에겐 돈이 다가가지 않는다. 이런 돈의 특성 때문에 나는 돈을 인격체라 부른다. 돈을 너무 사랑해서 집 안에만 가둬놓으면 기회만 있으면 나가려고 할 것이고 다른 돈에게 주인이 구두쇠니 오지 마라 할 것이다. 자신을 존중해주지 않는 사람을 부자가 되게 하는 데 협조도 하지 않는다. 가치 있는 곳과 좋은 일에 쓰인 돈은 그 대우에 감동해 다시 다른 돈을 데리고 주인을 찾을 것이다"라고 말한다. 또한, "돈은 감정을 가진 실체라서 사랑하되 지나치면 안 되고 품을 때 품더라도 가야 할 땐 보내줘야 하며, 절대로 무시하거나 함부로 대해서는 안 된다. 존중하고 감사해야 한다. 이런 마음을 가진 사람에게 돈은 항상 기회를 주고 다가오고 보호하려 한다. 돈은 당신을 언제든 지켜보고 있다. 다행히 돈은 뒤끝이 없어서 과거 행동에 상관없이 오늘부터 자신을 존중해주면 모든 것을 잊고 당신을 존중해줄 것이다"라고 했다.

돈을 잘 다루는 것은 미니멀 라이프와 연관되어 있다. 미니멀 라이프는 무조건 돈을 안 쓰는 삶의 방식이 아니다. 돈의 가치를 알고 인생의 참된 가치를 알게 되었을 때, 진정한 삶을 깨달을 수 있기 때문이다. 필요 없는 물건을 사들이지 않겠다는 생각을 키우고 필요한 물건을 사는 데 돈을 지불했다면 돈의 에너지도 좋은 방향으로 잘 흘러갈 것이다. 정리를 잘할수록 많이 비울수록 돈은 우리에게 더 찰싹 달라붙어 있을 것이고 물건이 제 자리에서 제 역할을 할 때 돈의 가치가 상승해 집 안에 행복한 기운이 감돌 것이다.

매일 정리하는 습관을 키우지 못하겠다면 1년에 한 번쯤 날을 잡아 대청소하는 시간을 가져보자. 정체된 에너지를 찾아 1년 동안 사용하지 않은 물건들을 꺼내보는 것이다. 대부분 1년 안에 사용하지 않았다면 앞으로도 사용하지 않을 확률이 높다. 부피를 차지하지 않는 작은 물건일수록 버리는 것은 더 편하다. 오히려 반대로 부피가 차지하지 않으니 더 가지고 있어도 된다는 생각을 한다면 물건은 줄어드는 일이 없을 것이다. 작은 것부터 버리기 연습을 하면서 큰 것으로 이동해보면 좋다. 1년 동안 사용하지 않았던 물건들이 집 안에 자리만 차지하고 있다면 그것은 더욱 빨리 정리해야 할 것이다. 우리는 그런 어중간한 물건들을 가장 많이 가지고 있고 그 것들을 왜 가지고 있는지도 모르면서 아무 생각 없이 집 안에 모셔두고 있다. 정체된 물건은 빨리 빼는 것이 좋고 집 안에 두지 않는 것이 좋다.

나는 1년을 기다리지 않는다. 하루만 지나도 내가 어떤 물건을 사용하며 어떤 것들이 필요 없는지를 빨리 구분한다. 그런 것들은 재빨리 버리기 공간으로 이동해놓는다. 그러면 나중에 정리할 때도 한눈에 쉽게 구분할 수가 있다. 당장 급해서 필요했던 물건 중에는 잘 사용하지 않는 것들이 많다. 그런 것들만 따로 구분하는 분리공간을 만들어두는 것도 하나의 팁이다. 전혀 필요 없는 물건이라면 바로 중고마켓으로 팔아버리자. 우리가 1년 동안 사용하지 않은 물건은 대부분 앞으로도 잘 사용하지 않는 물건이다. 사용하지 않는 물건을 쌓아두는 것은 정체된 에너지를 가지고 사는 것이라고 자주 언급했다. 그만큼 자신의 에너지를 그 물건에 빼앗기고 있다고 생각하면 된다. 버리지 못할 것 같으면 우선 집 안에 무엇을 많이 쌓아놓고 살고 있는지 한번 둘러보기라도 하자. 처음부터 정리해야할 엄두는 나지 않을 테니 천천히 둘러보면서 물건을 관찰하고 상상해보자. '무엇에 쓰는 물건인고' 할 만큼 잡동사니가 쏟아져 나오는 현상도 맞닥뜨릴 것이다. 정리해야 할 시간을 따로 갖지 않으면 평생 물건에 눌려 살지도 모른다. 물건을 사는 행동 자체가 무의식 속에 있다. 그런 무의식에서 깨어 나와 의식적으로 정리하는 습관을 들이고 버리기 전에 사지 않는 습관을 들여야 한다.

오늘도 뭔가를 사기 위해 인터넷을 검색한다거나 외출을 하고 있지 않은가. 물건을 사는 것에 에너지를 소비하지 말고 가치 있고 의미 있는 일을 찾는 데 더 시간을 투자해보자. 1년 동안 사용하지 않는 물건이 가득한 집 안에 뭔가를 더 채우려고만 하는 욕심은 이제는 그만 버리자. 공간을 채우는 물건만 사지 말고 자기계발을 위한 지식을 더 많이 채워보자. 우리는 물건을 사는 것보다 배워야 할 것들이 많다. 스스로 인생에 대해 아는 것이 얼마나 되는지 질문해 보아라. 물건만 살 것이 아니라 앞으로는 더 배워야 하고 더 깨달음을 찾아야 할 것이다.

잘못된 사회의 패러다임에서 벗어나 학교에서 가르쳐 주지 않는 것들을 찾아 나서야 한다. 삶에 안주하며 지내기보다 내면의 깊은 곳을 들여다보며 충족되지 않는 삶을 스스로 개척해 나가야 할 것이다. 미니멀 라이프는 단순히 버리는 습관의 결과를 얻고자 하는 것이 아니다. 자신의 진정한 인생의 의미를 찾아 나설 기회이기도 하다. '생각대로 살지 않으면 사는 대로 생각하게 된다'라는 말처럼

물건을 살 때도 한번 더 생각하는 습관을 가져야 한다. 생각은 우리
가 할 수 있는 가장 쉬운 해답이다. 생각을 멈추지 않으면 미니멀리
즘의 습관도 쉽게 다가갈 수 있다. 생각하기를 싫어하는 습성에 빠
져 기계처럼 물건을 사는 세속적인 삶에 빠지지 않기를 바란다.

마음도 비우기가 필요하다

정영욱 작가의 저서, 《잘했고 잘하고 있고 잘 될 것이다》 중에 "넌 언제나 일부였고 난 언제나 전부였지"라는 글귀가 있다.

이 나이에도 위로가 필요한 문장들이 필요했다. 사람의 마음을 청소해주는 글들이 담겨있던 정영욱 작가의 글에서 많은 위안을 받았다. 친한 친구, 한 명 없이 오랫동안 외로웠나 보다. 밤새 이야기해도 이야기가 끊이지 않을 친구들은 다 어디로 갔을까? 쓸데없는 연락처만 휴대전화 주소록에 자리만 차지하고 있다. 진작에 정리해야 했을 것이 휴대전화 청소였다. 눈에 보이지 않는다고 쌓아두는 습성은 나도 고쳐야 할 병이다. 코로나19로 인해 힘든 상황이 이어지고 있는 요즘, 위안이 더 많이 필요한 시대가 된 것 같다. 살면서 위기라는 것을 새삼 느끼며 많은 깨달음으로 마음을 정리하는 순간을 맞닥뜨렸다.

그때 마침 나타난 위로의 책은 《잘했고 잘하고 있고 잘 될 것이
다》였다. 그동안 집 안을 정리하는 기술만 늘었지 마음에 쌓이는
때는 한 번도 걷어낸 적이 없었다. 마음에 켜켜이 쌓인 묵은 생각과
걱정들을 하루 만에 청소했다. 무엇이든 시작하면 빨리 끝내는 것
을 좋아한다. 마음 청소도 마음만 먹으면, 하루 만에 때를 벗겨 낼
수 있다. 이런 마음을 먹기까지 최근 다양한 책들을 읽은 것이 도움
이 되었다. 결정타를 던진 것이 "넌 언제나 일부였고 난 언제나 전
부였지"라는 문장이다.

"나에게 있어 전부가, 고작 당신의 일부라는 생각에 나는 상실했
다. 어쩌면 나는 네 인생에 수록되지 못하고 부록이 되어 버린 것
같은 느낌."

언제부턴가 난 그들의 일부였다. 나만 전부였던 것에 너무 애쓰
고 있는 나 자신을 발견한 것이다. 하나씩 그 마음들을 꺼내어 닦
아냈다. 나도 모든 것에 전부를 쓰지 말고 일부만 쓰자는 생각이 든
것이다. 전부를 쓰면서 쏟았던 에너지를 다른 곳에 쓰기로 작정하
니 삶의 변화도 함께 따라왔다. 서점을 자주 오가면서 어디서 본 듯
한 책 제목이 생각났다.

《신경 끄기의 기술》이라는 책이다. 책을 보지는 않았지만, 제목이 계속 뇌리에 박혀 있었다. 주변을 신경 쓰느라 정작 내가 해야 할 일들을 놓치고 있었던 것이 너무 많았다. 마음 비우기는 이렇게 시작되었다. 타인으로부터 신경을 끊어야 한다는 생각을 가졌고 그 생각은 자꾸 커져서 나에게 이런 메시지가 전달되어 왔다. 아무도 나에게 신경을 쓰는 사람이 없다는 것이다. 마인드 파워 스페셜리스트인 조성희 작가의 필사 책, 《뜨겁게 나를 응원한다》 내용에 다음 글이 수록되어 있다. "당신이 열여덟 살일 때는, 세상 모든 사람이 당신에 대해서 생각하는 바를 염려한다. 당신이 마흔 살이 되면, 자신에 대해서 누가 무슨 생각을 하든 조금도 개의치 않는다. 당신이 육십 살이 되면, 아무도 당신에 대해서 전혀 괘념치 않았다는 사실을 깨닫게 된다. – 아멘 박사"

주변에 신경 쓰며 사느라 에너지를 쏟아부은 지난날들을 돌이켜 보면서 많이도 애쓴 나의 흔적들을 발견할 수 있었다. 내가 사람들과의 관계를 어떻게 형성해야 하나. 어떻게 행동해야 나의 좋은 인상을 심어 줄까. 안 좋은 인상을 받고 돌아가면 어떡하지. 온갖 신경을 쓰느라 정작 나 자신을 돌보지 않았던 것이다. 마음속에 불필요한 생각과 걱정들을 하나씩 털어내기 시작했고 그 고민이 정리될 때마다 마음은 점점 더 홀가분해짐을 느꼈다. 보도 섀퍼(Bodo Schafer)의 《멘탈의 기술》을 읽으면서 마음 정리와 함께 멘탈 관리

능력을 키웠다. 나 자신이 그동안 멘탈에 얼마나 많은 붕괴를 일으켰는지도 알게 되었다. 멘탈 붕괴는 그대로 실패로 가는 지름길이었던 것이다. 내가 그 순간을 견디지 못하고 포기해버렸던 것들이 얼마나 많았는지 깨달았다. 마음 비우기와 멘탈 채우기는 완벽한 궁합을 이뤘다. 비운 자리에는 항상 무엇을 채워 넣어야 한다. 그것은 멘탈 근육이었다. 사람의 몸에서 근육을 키우는 것이 중요한 것만큼 정신 근육을 단련하는 것은 더 큰 힘이 되었다. 왜 우리는 학교에서 이런 것들을 배우지 않는 것일까. 인생 수업은 그야말로 혹독한 어려움을 뚫고 이겨내는 자만이 졸업할 수 있는 자격을 주는 것 같다.

지금 당신은 무슨 생각을 하고 있나. 우리는 일어나지 않을 99%의 걱정을 매일 하면서 산다고 한다. 이제는 생각을 바꿔보자. 99%의 일어나지 않는 걱정 따윈 집어치우고 내가 바라는 희망에 대해 100%를 다 쏟아붓는 연습이다. 걱정을 기대로 바꾸면 별 것 아니다. 오늘 나에겐 좋은 일만 있을 것이다. 희망의 메시지로 자신감을 불어 넣는 일이다. 희망과 기대를 이기는 두려움은 없다. 두려움이 이긴다면 당신은 패배할 수밖에 없다. 항상 희망을 품고 가슴에 새기는 연습을 해보자. '나는 매일 행복하다'를 외쳐 보는 것이다.

마음을 비웠을 때도 물건을 비웠을 때만큼 좋은 에너지가 온몸을 감싸 안았다. 마음 비우기에 가장 좋은 운동은 요가다. 요가의 첫 동작은 숨 고르기다. 숨 고르기를 먼저 하고 동작에 들어간다. 숨을 마시고 내쉬면서 내 안에 에너지를 순환시킨다. 그 시간이 나에게는 명상의 시간이다. 숨을 내쉬며 내 안의 나쁜 공기를 뿜어내고 좋은 기운을 들이마신다. 우리 주위에는 항상 에너지가 흐른다. 나쁜 에너지가 들어오지 않도록 움직이는 연습을 할 수 있는 것이 바로 운동이다. 그래서 운동을 하면 몸이 좋아지고 기분도 좋아지고 노폐물이 밖으로 빠지면서 좋은 감정을 가지게 되는 것이다. 나는 항상 운동할 때 좋은 일이 생겼다. 집에서는 미니멀 라이프하고 밖에서는 운동을 한다. 집 청소를 하고 몸을 움직이는 것은 완벽한 에너지를 유지하는 최고의 방법이다.

청소할 때 몸을 움직이는 것도 하나의 방법이고 밖으로 나가 걷는 운동은 내 안의 독소를 빼내는 좋은 습관이다. 미니멀 라이프의 생활 습관은 물건 정리도 중요하지만, 마음 비우기와 함께 할 때 더욱 시너지 효과가 생긴다. 걱정하지 않고 스트레스를 받지 않는 생활을 위해 마음을 청소하는 일은 꼭 필요하다. 스트레스를 받고 사는 것만큼 건강에 지장을 주는 일이 없다. 만병의 근원은 스트레스라고 하지 않은가. 스트레스를 전혀 안 받고 살 수는 없겠지만, 줄이며 살 수 있는 방법은 얼마든지 있다. 마음을 비우는 가장 좋은 방법은 책 읽는 습관과 운동이다.

 TV 보는 시간을 줄이고 1시간이라도 책 보는 습관을 가진다면 마음 청소를 매일 할 수 있을 것이다. 책을 읽는 것만으로 마음이 정리되고 비우기가 된다. 관심이 가는 책을 보면 된다. 내가 무엇에 관심이 있는지조차 모르고 사는 사람들이 많다. 자신을 너무도 모르고 사는 사람들이다. 세상에서 가장 중요한 것은 자기 자신이다. 남에게 신경 쓰는 것을 자신에게 반만 신경 써보자. 입고 먹는 것에만 집중하지 말고 마음을 들여다봐야 한다. 내 마음을 가장 잘 아는 사람은 내 자신이다. 마음의 병을 키우는 것도 자신이고, 그 병을 낮게 해주는 것 또한 자신이다. 마음은 그렇게 나 스스로 키우며, 가꾸고 정리하고 비우고 채워야 한다.

완벽한 미니멀 라이프는 없다

세상에서 완벽한 것은 오직 하나다. 내가 이 세상에 태어난 것 하나는 완벽하다. 그리고 우리는 완벽을 조금씩 허물며 삶을 살아가게 된다. 완벽을 허물며 사춘기를 완성하고 성인을 완성하고 노인을 완성한다. 그리고 우리는 완벽하게 이 세상에서 사라진다. 완벽하다는 말은 함부로 쓰면 안 될 것 같다. 아무리 완벽한 물건이라도 어딘가 미묘한 흠은 있을 테니까. 내가 아무것도 소유하지 않고 내 몸뚱어리 하나만 가지고 산다 해도 완벽한 미니멀 라이프로 살아가긴 어렵다.

완벽해지려고 하지 말자. 정리만 잘해도 미니멀 라이프가 될 수 있고, 물론 소유하지 않는 삶에서도 미니멀 라이프를 한다고 할 수 있다. 너무 완벽하게 살기 위해 애쓰지 말라는 이야기다. 20여 년 전 완벽하게 다 버렸다고 말했지만 결국 다 버린 것은 아니었다. 아무리 모든 것을 버리고 속세를 떠난다고 해도 우리는 챙겨야 할 것들이 많다는 걸 알게 된다. 자연을 찾아 떠나 사는 자연인을 보여주는 방송 프로그램 〈나는 자연인이다〉만 봐도 그렇다. 산에서 아무리 산나물을 캐서 먹고 산들 전기, 수도는 기본으로 끌어와서 써야 한다. 하물며 냉장고, TV까지 다 갖추고 사는 자연인들도 많다.

미니멀 라이프는 항상 새롭다. 늘 나를 일깨워주는 건 간소한 삶이 전부였다. 간절함을 원할 때 항상 찾았던 것이 버리기였고 정리였다. 매일 실천하며 살았다고 말할 수는 없지만 내 무의식 속 깊게 박혀 있는 미니멀 불꽃은 나를 위해 터뜨려 줬다. 몇 년에 한 번씩 터지는 미니멀 불꽃은 그야말로 축제였다. 축제처럼 버리기와 함께 삶의 방향도 바뀌었다. 완벽하게 하지 않았기 때문에 변화무쌍한 삶에서 다양한 인생을 배웠다. 그것이 나의 인생 무기가 되었고 삶의 활력이 되었다. 원하던 사랑을 찾기 위해, 집을 얻기 위해, 원하는 곳으로 떠나기 위해, 원하는 곳에서 일하기 위해 했던 모든 나의 일들은 미니멀 라이프 실천이었다.

나에게는 너무도 쉬운 법칙이었기 때문에 적용하기도 쉬웠고 할 때마다 나는 내가 원하는 위치에 가 있게 되었다. 지금도 나는 원하는 목표를 위해 미니멀한 삶을 추구하는 중이다. 각자마다 소망을 비는 원칙이 있을 것이다. 종교도 없고 믿음도 없다면 완벽하지 않은 미니멀 라이프를 실천해보라고 말하고 싶다. 청소와 잡동사니 정리, 버리기 그리고 새로운 물건 사들이지 않기, 공간 가꾸기 등 다양한 방법을 통해 집 안의 에너지를 순환시켜 보라. 기억에 남는 이야기 중에 이런 이야기가 있다. 신혼부부가 알콩달콩 사는 기간은 신혼 초 몇 달 길면 3년이라고 했다. 신혼은 처음 만나 함께하는 부부의 탄생이다. 신혼집은 대부분 깨끗한 집에서 새로운 물건들과 함께 시작한다.

깨끗함은 사랑을 키워주고 밝은 에너지를 전달하기 때문에 신혼부부들은 모두 죽을 듯이 사랑하며 살기 시작한다. 그러다 싸움이 시작되는 날을 맞닥뜨린다. 바로 정체된 에너지가 시작되었기 때문이다. 집 안에 먼지가 쌓이고 물건도 쌓이고 아이까지 태어난다. 집 안에 뭐가 쌓였는지도 모르고 살게 된다. 그러다 보면 싸움은 점점 멈추지 않게 되고 불화가 생기는 과정을 겪게 된다. 더 크게 이어지면 이혼까지 이르는 엄청난 악마의 손길을 마주하게 되는 순간을 만나기도 한다.

부부가 싸우지 않고 사이좋게 오래 살려면 집 안에 물건부터 잘 들여야 한다. 깨끗하게 정리해야 하는 습관은 물론 불필요한 물건을 정리하는 법도 배우며 실천해야 한다. 풍수는 기의 흐름이다.

명당자리가 괜히 나온 말이 아니다. 좋은 자리는 대대로 이어진다.

나도 그랬다. 도저히 정리되지 않는 집에서 결국은 파국에 이르는 상황을 맞이했다. 키우기 힘들었던 여러 마리의 대형견들, 혼자서 관리하기 어려웠던 넓은 잔디밭, 내 손이 닿을 수 없었던 어느 구석진 정체된 방. 생각해보면 너무도 맞지 않는 공간에서의 삶은 나 자신을 죄고 있었던 것 같다. 감당할 수 있는 만큼의 집에서 산다는 것은 중요한 것이라는 걸 깨달았다. 혼자서 이 모든 것을 다하려니 안 되었고, 결국 집마저 정리할 수밖에 없는 상황까지 가버린 것이다. 과유불급이었다. 혼자서는 해내기 어려운 상태에서 너무 많은 일을 벌였기 때문에 더 힘들었다. 사람과의 정리는 내 인생에서 가장 어려운 시련을 주었던 시기였기도 했다.

때로는 정리할 수 없는 상황이 만들어지기도 한다. 그 상황에서 가장 좋은 방법은 그곳을 떠나는 것이다. 떠남으로써 다시 시작하는 삶이다. 시작은 항상 새롭다. 새로움은 여전히 순수하고 깨끗하다. 하지만 또 변하게 된다. 새로움 속에는 악마들이 진을 치고 있기 때문에 그 속으로 빨려 들어가기가 쉽다. 어둠의 그림자에 속기 쉬운 상태가 완벽한 상태다. 그래서 완벽함은 차라리 멀리해야 한다. 적당함을 유지하는 것. 완벽함보다는 자주 조금씩 매일 실천하며 평탄함을 유지하는 것이 중요하다.

여전히 해결되지 않는 문제 속에서 나는 버리기와 정리하기를 매일매일 실천 중이다. 어느 날 갑자기 찾아올 행복을 만드는 중이기도 하다. 행복은 갑자기 찾아오는 것이 아니다. 만들어 가는 것이 행복이다. 물건을 소유하는 것이 행복한 것이 아니고 자신이 좋아하는 일을 할 때 행복이 찾아오기 때문이다. 좋아하는 일을 찾는 일은 어렵지 않다. 하지만 많은 사람이 찾지 못하고 헤맨다. 최근 내가 찾은 행복한 일 중 하나는 글쓰기다. 글을 잘 쓰지는 못하더라도, 누구나 글을 쓸 수는 있다. 작가라는 직업으로 다시 태어나기 위해 나는 오늘도 글을 쓴다. 내가 가장 잘하던 것, 좋아하던 것을 나의 첫 번째 책으로 선택했다.

20년 넘게 생활 속에 녹아든 미니멀 라이프는 나에게 많은 것을 깨우쳐주었다. 행동으로 느낀 것들이 많았기 때문에 하고 싶은 이야기도 많았다. 때로는 완벽하면서 짧게, 때로는 어설프게, 때로는 긴 터널을 지나듯 오랫동안 실천을 반복하면서 내게도 이야기가 많이 생겼다. 내가 어디에 사느냐에 따라 미니멀 라이프는 쉬울 수도 어려울 수도 있다. 하기 힘든 상황도 만들어지고 할 수 없는 생각을 가지기도 한다. 생각조차 나지 않을 만큼 다른 일에 빠져 있기도 한다. 그래도 늘 정리하기는 내 손이 알아서 실천했고, 가슴이 시켜서 습관처럼 몸에 배기 시작했다. 지금은 책을 쓰기로 하면서 의식적인 삶으로 바뀌어 가고 있다. 물건을 채우기보다 지식을 채우자는 마음으로 책을 읽고 글을 쓴다. 완벽하지 않았기 때문에 더 많은 이야기를 쓸 수 있었고 스펙타클한 인생에서 미니멀 라이프 실천을 적용하기에 좋은 기회들을 만났는지도 모른다. 인생이 힘들 때마다 실천했던 미니멀한 삶은 지금 나에게 편안함을 안겨주고 있다. 누구나 행복한 순간은 마음이 가장 평온할 때가 아닐까 생각한다.

걱정이 없고 마음이 편안한 순간. 그 순간을 얻기 위해 우리는 살아가고 있는 것이 아닐까. 걱정 없는 삶이란 빚에 허덕이지 않고 사람과의 관계에서 힘들지 않고 하고 싶은 일을 하며 부자는 아니어도 넉넉하게 살 수 있는 풍요로움이 있는 것으로 생각한다. 좀 더 풍요로운 삶을 만나기 위해 미니멀한 삶을 만들고 불필요한 것을 덜어내면서 완성된 삶을 찾아가는 과정이다. 완성된 삶은 내가 찾아가는 것이다. 찾아가다 보면 반드시 찾아오는 것과 만나서 빨리 이룰 수 있다. 완벽함을 버리고 완성되는 것을 찾아 노력한다면 그 길의 끝이 아닌 중간 지점에서 더 빨리 만날 수 있을 거라 믿는다. 완벽함을 추구하지 말고 하나를 완성한다는 마음으로 비우기를 실천해보자. 우리가 만나야 할 완성작은 끝없이 생기기 마련이다.

하나를 완성해나가는 기쁨을 누리고 그다음에 다가올 삶을 만나자. 다음 인생을 만나기 위해선 끝맺음이 있어야 한다. 끝맺음을 해줄 수 있는 건 우리의 마음 청소와 깨끗한 정리정돈이다. 지금 당장 행동하기 어렵다면 옷장이라도 열어서 내 몸에 맞지 않는 옷은 정리하고 새로운 기분으로 새 옷을 사러 나가보자. 그것만으로도 에너지의 변화를 느낄 수 있을 것이다. 나는 매일매일 움직인다. 움직이지 않는 몸은 건강에도 좋지 않다. 서울에서는 한강공원을 걷고 제주에서는 숲을 걷는다. 나는 계속 움직인다. 움직이는 것은 지구와 함께 우주에서 뛰고 있는 것과 같다. 죽은 에너지를 쌓지 않고, 매일매일 새로운 에너지를 몸으로 느낀다. 정리하는 습관은 움직임의 연속이다. 움직임은 정체된 모든 것들보다 행운으로 다가온다. 완벽한 정리를 쫓지 말고 새로운 하루하루를 만들기 바란다.

4장

똑똑하고
센스 있게 비우는
7가지 기술

안 쓰는 물건은 중고로 판매하라

제주로 이주해오면서 짐이 많이 늘어났다. 회사를 그만뒀지만 일은 계속해야 했다. 직장생활만 하던 내가 할 수 있는 사업이란 아무것도 없었다. 제주 이주자들은 대부분 카페나 숙소를 운영하는 것을 목표로 내려온다. 관광지라는 특수 지역이기 때문에 숙박과 카페는 기본만 해도 먹고 사는 데 지장이 없다. 초보 사업자들에게 가장 접근하기 쉬운 아이템이기도 하다. 나는 '제주 한 달 살기' 붐이 일기 시작하면서, 한 달 살기 숙소를 운영했었다. 블로그 홍보나 광고 등 온라인 마케팅을 통해 한 달 살기 숙소 임대가 성황을 이루면서 숙소는 점점 늘어났다. 늘어난 숙소 덕에 컨테이너를 가득 채울 정도로 많은 이불이 쌓여갔다.

나는 한번 뭔가를 해야겠다고 마음먹으면 실행은 정말 빠르게 하는 편이다. 서울에서는 중고거래 카페를 통해 많은 물건을 팔았다. 거래가 잘되는 편이었고 빨랐다. 대부분 직거래로 거래해서 사기를 당할 일도 없어서, 퇴근 후 거래하는 일은 나의 일상이 되었었다. 지금도 중고거래 카페에 들어가면 내가 팔았던 흔적들이 그대로 남아 있다. 이 카페는 회원 수가 2,000만 명 가까이 되어 물건을 구할 때도 내가 찾는 것은 모두 다 나온다. 물건을 찾는 사람과 파는 사람의 적정선이 이루어진다.

내가 물건을 처음 버릴 때는 이런 카페도 없었고 벼룩시장이라고 칭하는 청계천에 있는 그런 곳만 알고 있었다. 팔았으면 돈이 되었을 것도 많이 버렸고, 버리지 않았다면 누군가의 손에 의해 잘 보관되고 있었을 물건들도 있었다. 나는 모조리 다 쓰레기로 버렸기 때문에 내가 가지고 있던 물건들은 흔적조차 찾을 수도 없다. 중고거래 카페를 알게 된 후 사용하던 물건을 팔기 시작했다. 한때 인형 만드는 것을 좋아했던 나는 인형을 만들어 송년회 선물로 회사에 판매한 적이 있었다. 손으로 한 땀 한 땀 만든 인형은 노고가 많이 들어간 작품이었다.

어느 날 인형박람회에 갔다가 사 온 브라이스라는 인형이 있었다. 그 인형이 그냥 예뻐서 샀는데 인기 있는 인형이라는 것은 생각지도 못했다. 7만 원에 샀던 인형을 중고거래 카페에 올렸다. 이게 팔릴까? 의문을 제기하면서 3만 원에 올렸는데 신기하게 바로 댓글이 달렸다. '어 무슨 일이지 이런 게 팔리네.' 사겠다고? 약속을 잡고 바로 거래 장소로 나갔다. 물건을 사 간 사람은 너무 기뻐하며 인형을 가져갔다. 중고거래 카페에 댓글 하나가 더 달린 것을 발견했다. 너무 싸게 올린 것이 아니냐는 글이다. 최소한 5만 원은 받았어야 했다며 댓글을 달았다. 그렇다. 거래에도 룰이 있어야 한다. 한 사람이 너무 싸게 팔거나 비싸게 팔면 가격경쟁이 무너지기 때문이다.

중고거래에도 적정선이라는 것이 있다. 물론 나는 빨리 팔아서 좋긴 했지만, 그 물건의 가치를 모르고 팔았던 것이다. 그렇게 모든 물건에는 가치가 있다. 나에게는 필요 없지만, 누군가에게는 소중한 물건이 될 수 있다. 이제는 버린다는 표현보다는 비운다는 표현이 더 잘 어울린다. 버리는 것은 낭비가 될 수 있다. 아까운 자산이 될 수도 있기 때문이다. 그렇게 시작한 나의 중고거래는 끊임없이 지속되었다. 몇 개월이 지나고 1년이 지나다 보니 팔아야 할 물건들이 눈에 더 들어오기 시작했다. 물건을 살 때는 팔 것을 예상하지 못한다. 하지만 언제부터는 되팔 수도 있겠다는 생각을 하며, 물건을 사고 박스를 버리지 않는 습관을 가지게 되었다. 그거야말로 정리에 도움이 되지 않는 안 좋은 습관이었다. 박스가 있으면 거래가 더 잘된다. 아무래도 보관 상태가 더 좋다고 사람들은 믿기 때문이다. 박스값은 있으나 없으나 돈 만 원 차이다. 그리고 기분 탓이다. 박스가 있어야 더 깨끗하다는 인식을 하고 있기 때문이다. 최근까지도 가지고 있었던 박스는 애플 제품의 박스들이다. IT계의 명품답게 박스도 너무 고급스럽다. 버리긴 아까웠지만 그런 생각하는 것조차 하지 않으려고 다 버렸다.

'중고나라'라는 카페는 모든 물건을 거래한다. 그러다 보니 세분화된 거래에서는 거래가 더디기도 하다. 예를 들면 취미 관련 용품들이다. 이런 것들은 전문 카페를 활용하면 더 쉽게 물건을 사고팔 수가 있다. 내가 중고로 거래했던 전문용품 중에는 카메라 관련 SLR클럽과 캠핑 관련 중고거래 카페 초캠장터가 있었다. 이 두 곳은 전문용품 중고거래가 아주 활발한 대표적인 곳이다. SLR클럽은 사진을 찍는 유저 사이에서는 가장 유명한 사이트다. 카메라와 사진을 취미로 하는 커뮤니티라고 보면 된다. 이곳에서의 카메라 관련된 모든 중고거래는 거래가 잘 이루어진다.

나는 한때 1년에 DSLR 카메라를 몇 번씩이나 바꿔가면서 SLR클럽에서 거래를 한 적이 있다. 동호회 활동도 열심히 하면 인지도가 있어 거래도 잘된다. 라이카카메라를 내놓았을 때는 나에 대해 알고 있는 상대방이 믿고 거래한다며 몇백만 원이라는 금액을 선뜻

입금부터 해주는 사람도 있었다. 고마운 일이다. 온라인 거래에서 신용도는 가장 중요한 부분을 차지한다. 직거래가 아니고서는 믿기 어려운 세상이 되었기 때문이다. 요즘에는 안전거래 방법이 생겨서 다소 나아지긴 했다.

캠핑 관련 사이트인 초캠장터를 보자. 요즘 다시 캠핑이 대세지만 10년 전에도 엄청난 캠핑 붐이 일었다. 캠핑용품들이 최고로 거래가 잘되는 곳은 초캠장터다. 이곳은 퍼스트캠핑이라는 초보캠핑 카페에서 파생되어 만들어진 캠핑 전문 카페인데 요즘처럼 캠핑하는 사람들에게는 더욱 인기가 많다. 이렇게 전문적인 곳을 찾아 거래하면 내가 아끼던 물건들도 버리지 않고 누군가의 손에 소중하게 넘겨질 수 있으니 찾아서 거래를 해보자. 자신의 취미가 오디오라면 오디오 전문 사이트를 찾으면 될 것이고 골프가 취미면 최고의 골프동호회 사이트를 찾으면 된다.

그렇게 중고거래 카페를 비롯해 각종 전문화된 사이트에서 거래하면 대부분 거래가 잘되었다. 문제는 제주로 이주 온 이후로 거래가 막막해졌다는 것이다. 직거래하기에는 섬이라는 제한적인 위치에 있었다. 택배 거래는 더더욱 어려운 곳이었다. 부피가 큰 것들은 배송하기도 어려웠기 때문이다. 그래서 어쩌면 몇 년 동안 중고거래도 안 하고 짐이 쌓여가고 있다는 걸 모른 채 지냈는지도 모른다. 제주에서 한 달 살기 숙소를 하던 어느 날, 손님이 유모차를 빌릴 수 있느냐는 물음에 구해주겠다고 했다. 아이도 없는 집에 유모차가 있을 리는 없었다. 그렇게 발견한 것이 '당근마켓' 앱이었다. 처음으로 그 앱을 깔고 사용했던 것이 유모차 구하기였다. 사용하고 다시 팔면 된다는 생각에 3만 원을 주고 김녕에서 구매했다. 그곳에 내가 찾는 물건이 있다는 것이 신기했다. 손님이 사용하고 간 유모차는 다음 손님을 위해 그냥 가지고 있기로 했다.

또다시 물건이 쌓여가던 어느 날 위기가 닥쳐왔다. 물건을 정리해야 할 때가 온 것이다. 비워야만 나에게 행복이 찾아올 것 같았다. 가장 먼저 당근마켓에 물건을 올린 것은 카페를 운영하면서 가지고 있던 커피머신과 주변 용품들이었다. 제주의 특징 중 하나는 카페가 생겼다 사라지는 곳이 많다는 것이었다. 그래서였는지 물건은 쉽게 팔렸고, 이후로 카페를 하면서 사들였던 가구들이며 모든 것들을 당근마켓으로 거래하기 시작했다. 그때부터 이어진 나의 당근마켓 사랑은 2년간에 걸쳐 모든 것을 정리하게 했다.

신기하게도 정리가 다 되는 순간 나는 원했던 회사로 다시 돌아오게 되었다. 카페를 정리하고 벌려놨던 숙소들을 정리하면서 회사에서 일하는 것이 더 그리웠었던 것 같다. 매일 밤 꿈을 꿨다. 예전에 다니던 회사를 다시 다니는 꿈이었다. 그 꿈을 나는 자주 꾸었다. 꿈에서 깨고 나면 정말 허무했다. 꿈이었다는 것이 안타까웠다. 내가 다시 회사로 돌아갈 일도 없을뿐더러 회사에서 나이 오십 살이 넘은 나를 다시 부를 일도 없을 거로 생각했다. 그래도 마음속으로는 회사를 다시 다니고 싶을 만큼 간절했는지도 모른다. 나의 정리의 힘은 바로 원하는 바를 이루고자 하는 힘에서 오는 것일지도 모른다.

정리가 다 된 후, 얼마 지나지 않아 다니던 회사에서 연락이 왔다. 회사를 다시 나올 수 있는 상황이냐고 물었다. 내게는 기적과 같은 이야기였다. 한 번도 생각해보지 못한 상황이었다. 나는 앞도 뒤도 재지 않고 무조건 가겠다고 했다. 그렇게 나의 회사생활은 다시 시작되었다. 회사생활에 지쳐서 떠난 곳이었지만 나에게 닥친 위기를 모면해주는 일이었기 때문에 행복했다. 언젠가는 다시 떠나야 할 직장이지만 지금은 이 회사에 있는 것이 행복하다. 회사 밖에서 얻은 무기들을 잔뜩 싣고 들어왔기 때문에 회사에 다니는 것이 힘들다는 생각도 들지 않았다. 스트레스도 받지 않는다. 지금은 이런 삶이 좋다. 회사에는 좋은 사람들의 만남과 소통의 공간이 있어서 활기가 넘친다. 나의 위기는 이렇듯 정리의 끝에서 벗어날 수 있었다.

제주는 섬이라는 특성과 관광도시라는 특색에 맞게 당근마켓 거래가 가장 잘되는 곳이라는 걸 알았다. 택배 거래가 필요 없고 어디든 1톤 트럭을 타고 다니면서 싣고 다니기 좋기 때문이다. 게다가 카페를 하려는 사람과 정리하려는 사람, 숙소를 하려는 사람과 끝내려 하는 사람들이 꾸준히 비율을 맞추고 있기 때문에 관련 용품들이 거래가 잘되기도 하고 제주는 육지보다 물가가 비싸기 때문에 중고를 더 선호하는 경향이 많다. 서울에 와서도 당근마켓을 몇 번 거래해봤지만, 제주와 비교했을 때 제주가 월등히 거래가 활발하다는 것을 확인했다. 제주에서 오늘 올리면 당장에 나갈 물건이 서울에서는 며칠이 지나도 거래가 되지 않았기 때문이다.

이렇듯 안 쓰는 물건을 당근마켓이든 중고거래 카페든 중고거래를 활용해서 정리하는 방법이 미니멀한 삶을 사는 데 큰 도움이 될 것이다. 지금은 물건 한 개를 사더라도 신중을 기한다. 물건을 되팔기 전에 그런 물건을 사들이지 말아야겠다고 다짐하는 중이다. 지금도 나는 매일 아침 눈을 떠 정리할 물건을 찾기 위해 주변을 둘러본다. 없어도 되는 물건인데 자리하고 있는 것들이 종종 눈에 띈다. 그런 물건들이 몇 개 있긴 하지만 아직은 나에게 쓸모 있는 것들이라 잘 놓아두고 있다.

수납이 아니라 정리를 시작하라

    사람들은 끊임없이 수납공간을 찾는다. 무엇을 채우기 위해 수납공간을 찾는 것일까. 수납을 잘하는 것이 정리가 아니다. 수납하지 않는 것이 정리다. 그런데 수납을 잘하기 위해서 수납장을 사거나, 수납 바구니, 수납상자 등 다양한 방법으로 수납공간을 늘린다. 수납공간을 늘릴수록 집 안은 더욱 수납하기 좋은 창고로 변신한다. 간혹 불필요한데 예뻐서 수납장을 사는 경우도 있다.

    당근마켓으로 물건을 정리할 때의 일이다. 언제부턴가 자잘한 수납소품들이 넘쳐나고 있었다. 서랍 안에도 수납함으로 가지런히 정리하는 것이 나의 특기였다. 서랍장 자체가 수납장인데 그 안에 또 수납함을 만들어 정리했다. 그래서 포장박스라도 괜찮은 것이 생기면 버리지 않고 서랍장 안에 넣어 수납함으로 사용했다. 물론 수납바구니를 사는 것보다 재활용으로도 가치가 있다. 하지만 그런 작은 수납함부터 없애보기로 마음먹었다. 싱크대 안에 분류된 정리함부터 시작해서 책상 서랍, 그리고 여기저기 쌓아뒀던 모든 수납함들을 꺼내서 당근마켓으로 팔기 시작했다. 한꺼번에 내놓고 저렴하게 내놓으면 다 가져간다. 그렇게 해서 모든 수납박스들을 모조리 없앴다.

그럼 그 안에 들어 있던 물건들은 다 어디로 갔을까? 버렸다. 버려질 물건들이 수납상자에 담겨 있던 것이었다. 수납함을 없앴더니 그 안에 물건들은 하나같이 쓸모없는 것이었다는 걸 알게 되었다. 사람들은 모으는 데 기본 습성이 있는 것 같다. 뭐가 쌓이는지 자신도 모르게 자꾸 쌓아둔다. 습관이다. 물건을 여기저기 잘 담아놓는 것도 습관인 것이다. 당장 필요해서 샀든, 그냥 눈에 띄어 샀든, 선물로 받았든 집 안에 들여놓으면 쌓아두게 마련이다. 언젠가 쓰겠지 하는 물건들로 가득한 서랍장과 수납바구니를 보게 될 것이다. 일단 불필요한 수납장이나 수납함부터 정리하라. 정리된 물건을 보면 별로 쓸모없는 것들로 자리만 차지하고 있었다는 걸 알게 될 것이다. 그리고 수납장을 찾지 말고 공간을 찾아라. 수납장이 있는 곳을 빈 공간으로 만듦으로 해서 여백의 미를 남겨둬라. 공간이 없으면 물건을 들여놓지 않게 된다. 수납함도 아무 생각 없이 사들이

지 마라. 수납공간을 만드는 순간 제 역할을 찾기 위해 더 쌓이기만
할 것이다.

수납을 전혀 안 하고는 살 수 없다. 우선 옷장을 보자. 그 옛날
자개가 붙은 장롱은 가장 큰 짐 중의 하나였다. 이사라도 가려면 엄
청난 부피와 무게를 감당해야 했다. 지금은 어떤가? 옷장이라는 개
념이 거의 없다. 드레스룸이라고 불린다. 방 자체가 커다란 수납공
간이 된 것이다. 수납은 점점 사람의 방으로 차지하며 밀려온다.
점점 많은 것을 탐하려는 욕심 때문에 내 방까지 내줘야 한다. 이제
는 잠자는 방조차도 사라질지 모른다. 드레스룸이 점점 커질 수도
있기 때문이다. 요즘은 방은 잠만 자는 곳으로 생각하는 사람들이
많다. 모든 것을 물건에 내주고 내가 설 자리는 없다. 그저 물건 사
이사이에서 물건에 지배당하며, 물건 때문에 온 신경을 쓰느라 에
너지 낭비하는 데 더 큰 시간을 쏟아붓는다. 정리를 잘하면 많은 공
간을 내주지 않고도 얼마든지 여유로운 삶을 누릴 수 있다. 물건을
찾는 데 허비하는 시간도 줄이고 집 안에 좋은 에너지가 돌면 쾌적
하게 생활하고 편안하게 숙면을 취할 수 있을 것이다.

정리를 못하는 사람들은 게을러서가 아니다. 우리 뇌 구조가 사
람마다 다르기 때문에 정리의 인지를 잘 못 알고 있는 경우가 많기
때문이다. 꼭 필요한 수납함이 아니면 사오지 말자. 수납함이 없을

수록 집에 쌓이는 것들이 적어진다. 싱크대 서랍이나 책상 서랍을 깨끗하게 정리해보자. 잘 정리하면 꼭 필요한 것만 남게 된다. 얼마나 불필요한 것들이 많은지를 깨닫게 될 것이다. 다 쓸모 있는 것들이라 생각이 들겠지만 버리지 못해서 쌓여 있는 것들이 대부분일 것이다. 나 또한 그렇게 못 버리고 있는 서랍 안 쓰레기들이 많았다. 그래도 서랍장 안에서 잘 사용되고 있는 것들은 정리라도 깔끔히 해서 정돈해두자. 그리고 수납함은 더는 사오지 않기로 하자. 수납장이 쌓일수록 물건도 더 쌓이게 된다. 물건이 쌓이면 점점 물건으로부터 내가 지배당하게 됨을 명심해야 한다.

수납장이 있다면 공간으로 그냥 활용해보자. 포인트가 될 만한 것을 배치해보자. 정리는 쌓아두는 것이 아니라 비우는 것이다. 미니멀리스트가 꼭 아니더라도 이제는 좀 비워야 할 시기가 되지 않았는가.

앞서 소개했던 《정리의 힘》을 쓴 일본 작가 곤도 마리에는 어렸을 때부터 정리에 관심이 많았다고 한다. 사실 물건을 소유해보지 않은 사람들이 소유 욕구가 생기는 것이 당연한 일인데 어렸을 때부터 미니멀리즘을 꿈꾼다는 것은 좀 어려운 일이라고 본다. 그런데도 그녀는 다섯 살 때, 엄마가 보는 생활잡지를 처음 보고 정리에 흥미를 가지게 되었고 본격적으로 열다섯 살 때부터 정리에 관해 연구를 시작했다고 한다.

그녀는 정리를 "집 안을 정리하면 자신의 사고방식과 삶의 방식, 나아가 인생까지 극적으로 달라진다. 그렇게 정리한 사람들의 삶에 놀라운 일이 일어났다"라고 이야기한다. 내가 겪었던 정리의 힘을 그녀도 느꼈었고 사람들에게 영향을 끼쳤던 것이다. 그녀는 정리컨설턴트의 삶으로 인생을 살아갔지만 나는 내가 가고자 하던 길로 갔을 뿐이다. 그리고 버리기를 실천해야겠다는 생각이 들 때마다 정리하게 되었고 정리를 하기 위해 수납공간을 마련했던 것 같다. 수납공간은 미니멀 라이프에 최대의 적이었던 것이다. 수납장을 없애고 수납박스를 없애고 나니 더 이상 물건이 늘어나지 않는다는 것을 깨달았다.

나는 그녀가 정리의 실천에서 느꼈던 인생의 극적인 변화를 안다. 정리가 잘 안 되는 사람이라면《정리의 힘》을 읽어보길 바란다. 마리에는 정리컨설턴트로 세계적으로 유명해진 정리컨설턴트다. 나는 정리컨설턴트라는 직업까지는 생각해보진 못했으나 가끔 나도 정리가 필요한 순간 누군가의 미니멀 라이프 관련 책을 찾아서 읽는다. 사람마다 정리하는 습관과 형태가 다르기 때문에 정리에 대한 다양한 방법을 찾을 수 있다.

내가 이야기하고 싶은 것은 정리하기 위해 수납함을 더는 사지 말라는 것이다. 수납함을 사지 않기로 마음먹은 뒤로는 일절 눈을 돌리지 않는다. 간혹 예쁜 상자가 생기게 되면 그곳에 모아둔다.

그냥 박스에 모두 모아두면 찾기도 편하고 보관도 편하다. 예쁜 박스를 버리지 못하는 사람이라면 나처럼 박스에 보관해두는 것도 좋은 방법이다. 가장 간편하면서도 언제든지 쓰고 버릴 수 있는 비닐 지퍼백도 좋다. 필요한 몇 가지를 남겨놓고 보면 그렇게 많은 짐을 가지고 살 필요도 없다. 여행 갈 때도 비닐 지퍼백을 이용하면 편리하다.

지금은 제주에 숙소를 아직 운영하고 있으므로 완벽한 미니멀 라이프를 추구하고 살기에는 만족스럽지 못하다. 일과 내 생활을 구분하면 나 스스로는 정리가 다 되었다고 생각하지만, 함께 살고 있는 남편의 짐 정리는 이제부터 시작이다. 그래도 옆에서 자주 미니멀 라이프를 노래한 결과 조금씩 정리하는 것을 배워가고 있는 것 같다. 그저 옆에서 응원해줄 뿐이다. 함께하는 미니멀 라이프가 되는 것을 목표로 더 행복한 삶을 기다리고 있다. 정리의 힘이 가져다주는 신비한 마법을 체험하길 바란다.

망설임은 버리고 설렘은 두어라

　첫사랑 같은 설렘. 사랑이라는 이름만이 설렘을 가지고 있는 건 아니었다. 모든 물건에 설렘을 가져보자. 분명 설레지 않는 물건이 있을 것이다. 그중에 대표적인 것이 옷이다. 옷을 비롯해 신발, 가방, 액세서리다. 버릴 때 가장 망설이게 되는 것이 우리가 몸에 걸치는 모든 것들일 것이다. 옷은 입어보면 그 느낌을 알 수 있다. 신발도 신어보면 내가 설레는지 느낌을 알 수 있다. 언젠가 신을지도 모를 신발을 신발장 안에 가득 채우며 내 설렘이 어디에 가 있는지도 모르고 산다. 신발에 목숨 거는 사람들이 많아졌다. '무신사'의 유래도 신발에서 왔다. 얼마나 신발을 사랑했으면 '무진장 신발 사진이 많은 곳'이라는 이름으로 브랜드를 탄생시켰을까. 신발 마니아들이 늘어남에 따라 컬렉션을 하는 사람들도 많아진 것 같다. 한

정판 신발까지 등장해가며 새벽잠 못 이루고 추운 겨울 줄을 서는 광경도 만나볼 수 있다. 집 안을 가장 가득 메우고 있는 것은 바로 옷이다. 옷은 사도 사도 입을 것이 없다. 입을 것이 없다며 계속 쌓아둔다.

도대체 입을 것이 없다면서 옷장 문은 왜 닫히지 않는 것일까. 왜 버리지는 못하는 것일까. 옷을 놓아둘 공간이 없다면서 행거를 사서 더 늘린다. 버릴 생각은 못하고 그저 옷을 걸어둘 공간을 만들기에 급급해진다. 행거를 사서 옷을 늘리기 이전에 옷을 꺼내서 하나씩 입어보자. 요즘에는 옷이 낡아져서 버리는 사람은 없다. 예전 같으면 오래 입고 헤져서 기워 입고 했지만, 지금은 일부러 옷에 스크래치를 내서 만들어 팔기도 하고 구멍을 내서 디자인하는 옷들도 많아졌다.

참 재밌는 세상이 되었다. 보풀이 일어날까 봐 혹은 어디 스쳐서 구멍이라도 날까 봐 노심초사하며 아껴 입던 옷들이었는데, 얼마 전에는 아예 구멍 나고 커다란 보풀이 달린 옷을 내가 사서 입고 있는 게 아닌가. 그런 옷들이 설렌다며 사 입었다. 옷을 정리할 때 못 버리는 이유 중의 하나는 바로 살이 쪘기 때문이다. 작아져서 못 입는 옷들을 버리지도 못한다. 살 빼면 입어야 할 옷들이 옷장에 얼마나 많은가. 살은 과연 빼기나 할 것인가. 살도 뺄 생각을 하지 않으면서 과거에 젖어 살 빼면 반드시 입으리라는 상상에 젖어 산다. 그렇게 시간이 가면 갈수록 유행이 지나기도 하지만 내 몸 사이즈가 점점 더 커지고 있다는 건 생각도 하지 않는다.

20대부터 66사이즈가 평균이라며 나는 평균만 유지하면 된다는 생각으로 그 사이즈에 내 몸을 맞추고 살았다. 그러다 알게 된 사실은 운동하며 살이 빠졌을 서른 즈음이다. 55사이즈가 내 몸에 딱 맞으면서 난 그 사이즈가 기적처럼 느껴졌다. 내 몸도 55사이즈를 입을 수가 있다니 믿을 수 없는 일이야 하며, 옷을 모조리 갈아치웠던 적이 있다. 내가 뚱뚱했던 건 아니었고, 55사이즈는 정말 마른 체형이 입는 것으로 생각하며 살았다. 평균은 66이라는 고정관념에 살고 있었던 것이다. 그 이후로는 55사이즈에 내 몸을 맞추며 살았지만, 저주의 하체를 가진 나에게는 55사이즈 하의는 참 쉽지 않다고 생각이 들었다. 청바지가 잘 어울리는 나는 청바지를 좋아했다. 그렇다고 컬렉션 할 정도는 아니었지만, 디자인 예쁜 청바지는 비싸도 사 입고는 했던 적이 있다.

옷은 그렇게 몸이 줄었다 늘었다 하면서 옷장의 옷을 채우게 만든다. 그럼 어떻게 버릴 것인가. 사이즈에 집착하지 말고 설렘에 집착해보자. 옷을 입어보고 거울을 보면 분명 설레게 하는 옷이 있을 것이다. 조금이라도 망설이게 된다면 그건 가차 없이 버리는 옷으로 구분해두자. 유행에 지났거나, 질감이나 디자인이 시대에 뒤떨어진다면 그런 옷들은 미련을 갖지 말자. 저렴하게 산 옷이라면 더욱 오래 가지고 있을 필요가 없다. 제주로 이주하면서 서울에서 입던 옷들을 대부분 정리했다. 그리고 제주로 내려와서는 제주댁이 되었기 때문에 서울에서 입던 옷들은 입을 일이 전혀 없게 되었다. 그때 정리했던 옷들이 바로 설렘이었다.

나는 내가 좋아하는 디자인이 뚜렷하게 있다. 그중에서도 좋아하는 브랜드가 있다. 그 브랜드의 옷은 보고만 있어도 기분이 좋아지는 옷들이다. 10년이 지났는데도 갖고 있던 옷 중에는 서울로 올라와 회사를 다시 다니면서 2년째 입고 있다. 그런 옷들은 오래 입는다. 얼마나 드라이크리닝을 많이 맡겼으면 옷도 많이 낡아졌다. 보풀도 많이 일어났고 버려야 할 때가 되었다는 것을 알았지만, 최근까지도 그 옷들을 입고 다녔다. 버리기 직전에 다시 한번 생각했다. 아니 비슷한 옷이 있으면 사려고 옷 쇼핑에 나섰지만 내가 좋아하는 스타일의 옷을 발견하지 못하고 결국 또 세탁을 맡기고 다시 입어보자 생각했다. 역시 내가 좋아하는 스타일의 옷은 오래 입어도 설렌다. 오래되었다는 망설임 말고는 여전히 예쁘다.

오히려 새로 샀지만, 마음에 안 드는 옷은 한 번도 안 입은 옷이라도 바로 버린다. 홈쇼핑으로 다양한 색상의 옷을 한 번에 사는 습관이 생겼을 땐 입고 버리면 된다고 하는 식으로 옷을 샀었다. 사람을 별로 만날 필요가 없었던 제주에서는 가능했던 일이다. 물론 서울에 와서도 홈쇼핑 옷들을 몇 번 사서 입긴 했지만 결국은 설레는 옷이 되기는 쉽지 않았다. 같은 값에 여러 벌 사기보다는 마음에 드는 딱 한 벌이 좋다. 내 기분을 좋게 하는 옷으로 순위를 매기면 된다. 버릴지 말지 망설이게 되는 옷이라면 당장 버려도 좋다. 버려도 그 옷은 생각이 안 난다. 최근 정리한 옷들을 살펴보면 굉장히 단순한 옷들이다. 화려한 것을 좋아하는 나는 밋밋한 옷은 금방 싫증이 난다는 것을 안다. 꽃 그림이 있거나 레이스가 달렸거나 반짝이가 붙어 있는 것들을 좋아한다.

그런 걸 보면 내가 전생에 스타가 아니었을까 생각도 해봤다. 남편은 그런 옷들을 질색하는 사람이다. 제발 단순하면서 채도가 낮은 컬러의 옷을 입으라고 권한다. 심지어 옷을 사서 나에게 입으라고 주지만 옷만큼은 내가 좋아하는 옷을 고집하고 싶다. 나이가 든다고 옷 입는 스타일이 쉽게 변하는 것이 아니었다. 자신에게 맞는 옷이 있을 것이다. 자신이 좋아하는 스타일을 분명히 안다. 옷장 안에는 그렇지 않은 옷들도 가득 차 있을 것이다. 설레지 않는 옷들로 가득 찬 옷장은 살을 더 찌우게 만들 것이다. 망설임은 버리자. 설렘으로 가득 찬 옷 몇 벌만 가져보자. 그리고 새로 사 입자. 새옷은 천사의 날개와 같다. 멋진 곳으로 날아가게 해줄 것이다. 옷을 정리하니 부피가 큰 겨울 외투 몇 개 빼고는 상자 2개로 옷이 모두 정리되었다. 짐이 없으면 내가 어디 있어도 걱정이 없다. 지금 당장 멀리 여행을 떠난다 해도 짐을 챙길 필요가 없다. 그런 마음을 가져본 적이 있는가. 어디로 자유롭게 떠나고 싶다는 생각. 집에 있는 물건들 때문에 고민할 필요가 없는 순간을 만들어보자.

신발도 매일 신고 다니는 신발만 신고 있다는 사실을 알게 될 것이다. 나머지는 소장하거나 1년에 한두 번 신을까 말까 하는 것들일 것이다. 아까워서 뭐라도 묻을까, 걱정되어서 못 신고 모셔두는 신발도 있지 않은가. 컬렉터가 아니라면 1년 동안 신지 않았던 신발이거나 설렘에 샀던 신발 중에는 망설이고 있는 신발들이 눈에 들어올 것이다. 그런 신발들은 이제 떠나보내야 할 때가 되었다. 신발이 깨끗하게 관리되어서 자리에 잘 잡은 신발보다 신던 채로 신발장에 들어가 있을 텐데 그런 신발들이 과연 설렐지는 의문이다.

내가 버리지 못하고 있는 겨울 신발 중에는 털 장화 비슷한 게 있다. 살 때도 예뻐서 샀지만 관리 안 한 채로 몇 년을 두다 보니 점점 버릴까 말까 망설이는 신발이 되어버렸다. 굉장히 망설이고 있어 이 겨울만 지나면 버리자는 생각으로 두고 있다. 계절 신발은 버리기 전에 많이 신어보자. 한 가지 신발을 오래 신었다면 그 신발도 함께 떠나보내자. 패션은 옷으로 끝나는 것이 아니라 신발의 완성으로 마무리된다. 옷을 아무리 잘 입었어도 신발과 어울리지 않으면 그것만큼 보기 싫은 것도 없다. 좋은 것만 찾기 전에 서로 조화가 잘되는 것을 찾아보자. 청바지와 잘 어울리는 운동화는 언제 입고 신어도 베스트다. 나는 요즘 청바지만 입고 다닌다. 옷장 문을 열어 청바지만 꺼내면 옷은 완성이다. 운동화 두 켤레는 청바지의 완성을 도와준다. 너무 많은 것을 입으려고도 신으려고도 하면 시간만 빼앗긴다. 좋아하는 것 딱 몇 개만 챙겨보자. 설레는 옷을 입어야 하루도 설레며 시작할 수 있다.

옷과 신발보다 IT제품에 관심이 더 많은 나는 다행히도 옷과 신발에는 돈을 많이 쓰지 않는 편이다. 자신이 소비하는 것 중 가장 많이 쓰이는 곳을 찾아보면 아마도 그 물건들이 넘쳐날 것이다. 나에게 음악 CD가 넘쳐나듯이 자신이 쓰고자 하는 소비 욕구 방향이 모두 다르다. 냉장고가 꽉 채워진 사람은 그곳에서 망설임과 설렘을 찾아야 할 것이고 아이들을 키우는 집에서는 아이들 물건에 대해 설렘을 아이들에게 물어봐야 할지도 모르겠다. 요즘은 예전만큼 책을 사서 보는 사람들이 줄었다고 한다. 좋은 현상인지 나쁜 현상인지는 모르겠지만 읽었던 책은 집에 모아두기보다는 도서관에 보내보면 어떨까. 책도 설레는 책이 반드시 있다. 나를 설레게 하고 나에게 위로와 깨달음을 주는 소중한 책 몇 권이면 된다. 인생의 지침이 되는 설레는 책은 반드시 한 권은 두길 바란다.

버릴 수 없다면 지인에게 주자

앞 장에서도 언급한 바 있다. 정리는 하고 싶은데 쓰레기통으로 버려지는 아까운 물건이 있다. 버리는 물건을 지인에게 준다니? 아니 쓰레기를 지인에게 준다는 말이냐? 그게 아니다. 버리고 싶은 것 중에는 중고로 판매하기도 아까운 물건이 있다. 딜레마가 있는 물건이 분명히 있을 것이다. 나에게는 그것이 레코드판과 CD였다. 중고로 판매하기에는 그동안 내가 쏟아부은 정성과 시간이 아까웠고 추억 또한 보내기 싫었다. 누군가가 잘 보관해주고 잘 사용해주면 좋겠다는 생각을 한 것이 지인에게 주는 것이었다. 레코드판 수백 장은 처음 버리기로 할 때 지인에게 주어 아직 미련없는 물건으로 남아 있지만, CD는 한 번 주었다가 되돌려받은 경우가 있었다.

음악카페를 차렸기 때문에 필요했던 것이다. 어떠한 물건을 줄 때는 돌려받을 수 있다는 약속을 한다. 언제든 필요하면 돌려받을 수 있는 친한 지인에게 주면 가장 좋다. 치사한 방법이지만 그 방법은 아주 효과 있는 정리 방법이다. CD는 돌려받아 음악카페를 하면서 잘 활용했었다. 하지만 지금은 카페를 정리한지도 벌써 몇 년이 흘렀다. 가장 좋아하던 내 보물 1호 샹송 CD도 한번은 언니에게 주었다. 지인보다 더 편한 곳은 형제자매 또는 친척 집이다. 언니는 내가 가지고 있던 CD의 소중함을 알고 있었고 샹송 음악도 좋아해서 흔쾌히 받아주었다. 그때 나는 가지고 있던 미니 컴포넌트 오디오도 함께 주었다.

언니는 나를 따라서 형부와 제주도에 이주해 내가 사는 집 근처에 살고 있었다. CD장과 함께 짐을 차에 실어 옮겨다 주었고 좋아하던 CD까지 정리했더니 마음이 정말 홀가분해졌다. 물론 샹송 CD만 넘겨줬기 때문에 나머지 가지고 있던 CD들은 그대로 가지고 있었다. 주변에서 누가 음악카페를 한다면 주고 싶은 마음은 아직도 있다. 차마 버릴 수는 없고 요즘처럼 음원 듣기가 편리한 시대에 골칫덩어리로 자리를 차지하고 있긴 하지만, 아날로그 감성 또는 레트로 감성을 가지고 있는 사람들이 아직 많이 있지 않은가. 복고풍이 일면서 레코드판이 부활하기 시작했고 턴테이블 또한 판매되기 시작했다. 예전처럼 전축이라는 이름의 무겁고 커다란 스피커는 사라졌지만, 콤팩트하면서 세련된 디자인의 음향기기가 아날로 그 감성을 더욱 자극시킨다.

언니는 다시 서울로 이사를 하면서 나에게 CD를 돌려주고 갔다. 지금 내 옆에 진열되어 있는 CD를 보면 참 잘 돌려받았다고 생각이 든다. 지금은 더없이 소중하게 느껴지기 때문이다.

옷은 지인에게 주기 좋은 물건이다. 나는 옷을 많이 사 모으는 성향은 아니다. 옷보다는 전자제품에 관심이 많아 컴퓨터, 휴대전화, 블루투스 스피커, 조명, 오디오, 카메라, 자동차 같은 것들에 더 관심을 두는 편이다. 옷을 사는 즐거움보다 더 행복을 주는 것들이다. 사람마다 좋아하는 관심사는 모두 다르다. 가방을 좋아하는 사람, 신발을 좋아하는 사람, 옷을 좋아하는 사람, 모자를 좋아하는 사람, 액세서리를 좋아하는 사람, 안경을 좋아하는 사람도 있다. 그렇듯 취향은 모두 다르다. 좋아하는 물건들은 분명 집에서 가장 많은 가짓수를 차지하고 있을 것이다. 물론 고가의 물건들은 가치로 자리하겠지만 말이다.

그중에 옷은 의식주의 한 부분으로 삶에 있어 필요한 '의'에 해당한다. 옷이 없는 사람은 아무도 없을 것이다. 나처럼 옷을 좋아하지 않는 사람도 기본적으로 옷장이 필요하다. 지금은 옷장도 없다.

집을 지을 때 붙박이장을 만들지 않은 것이 불행인지, 다행인지 모르겠지만 옷장이 없는 지금이 아주 편하다. 계절에 따라 옷은 박스에 보관하고 필요한 옷만 행거에 걸어둔다. 겨울에는 부피를 차지하는 옷들이 있어 공간을 좀 차지하긴 하지만 많지 않기 때문에 행거 하나면 충분하다.

안 입는 옷 중 버리기 아까운 옷들은 지인에게 줘보자. 옷은 취향이 맞고 사이즈만 맞으면 받는 사람도 좋아한다. 옷을 사두고 안입게 되는 옷들도 있다. 입을 시기를 놓쳤다거나 사이즈가 안 맞는다거나 구매할 때는 마음에 들었는데 집에 와서 보니 손이 가지 않는 옷들도 분명 쌓이게 된다. 옷은 판매하기도 모호하다. 중고마켓에도 옷이 거래되긴 하지만 팔지 말고 주변에 나눠주는 것을 권장한다. 내가 입던 옷을 누군가가 잘 입어주면 고맙기 때문이다.

취향이 다르기 때문에 옷을 선뜻 아무에게나 주기도 어려울 것이다. 나 같은 경우 정말 무난하지 않다. 그래서 더욱 옷을 누군가에게 준다는 것이 선뜻 나서지지 않았다. 언밸런스하거나 색깔이튀거나 반짝이가 있거나 장식이 달린 것들을 좋아하는 성향의 사람을 찾아야 한다. 하지만 끼리끼리 어울린다고 했던가. 분명 그런지인들이 있다는 것을 발견하게 된다. 나는 그런 지인이 한 명 있어내가 가지고 있던 옷들을 정리하기에 좋았다. 물론 일방적으로 전달해주고는 마음에 안 들면 알아서 정리하라고 했지만, 그래도 주는 마음 하나는 편안했다.

때로는 내 스타일의 옷이 아닌 옷을 살 때도 있다. 그만둔 회사를 다시 다니게 되었을 때 내 나이는 이미 오십 살이 넘었다. 직장인 옷을 다 정리한 터라 옷이 없었고 회사에 입고 갈 옷을 사려고하니 젊었을 때 화려하게 입고 다녔던 옷의 취향을 다시 사는 것은 부담스러웠다. 이 나이에 반짝이 옷을 입는다는 것, 치렁치렁 장식이 달린 옷을 입는다는 것이 뭔가 분위기가 그러면 안 될 것 같은 느낌이 들어 아주 심플한 옷을 사게 되었다. 아무 무늬 없는 흰색 블라우스, 검은색 바지, 검은색 스커트, 컬러감은 있지만 밋밋한 디자인 등의 옷을 사서 입고 다녔다.

확실히 내가 원하던 옷 스타일이 아니어서 그런지 그 옷들은 한 계절 입고 깔끔히 세탁한 후 젊은 직원들에게 나눔을 해줬다. 물론 비싸게 돈 들여 샀던 옷들이었지만, 나에게 설레지 않는 옷들이었기 때문에 홀가분한 마음으로 주었다. 그리고 다시 내가 원하던 옷들을 사기 시작했다. 핑크빛 니트, 장식이 달린 청바지. 나이가 무슨 상관이랴, 오십 살에도 청바지가 잘 어울리는 나는 화려하지는 않지만 소량의 장식이 달린 청바지와 20대가 입으면 화사하니 예쁠 것 같은 핑크빛 니트를 입는다. 기분이 좋아지는 옷이다. 기분이 좋으면 일도 잘되고 사람을 만나는 것도 기쁘다. 온종일 미소도 떠나지 않는다. 남을 신경 쓰지 않고 내가 원하는 옷을 입으니 그것만큼 행복한 것은 없었다. 지금 당장 옷장을 열고 진정 마음에 들지 않는 옷을 골라보자. 분명 나에게 어울리지 않는 옷, 누군가는 선호하는 옷들이 있을 것이다. 지인에게 나눠주면 내 좋은 기운도 살아나고 감사한 마음도 생길 것이다. 옷이 많은 것보다 좋아하는 옷을 입는 것이 행복을 가져온다. 언젠가 입겠지 했던 옷들은 언젠가 입지 않는다. 언젠가 한 번을 위해 불필요한 것들로 집 안을 채우지 말자. 우리는 물건을 정리할 수 있는 마음만 먹으면 된다.

소중한 물건인데 쓰임이 없는 것들은 선물로 줘보자. 선물이라고 반드시 사야 할 필요는 없다. 내가 아끼던 물건인데 누군가 고맙게 사용해줄 수 있으면 그걸로 만족하자. 너무 많이 사 모았던 트리 장식도 누군가에게는 선물이 될 수 있다. 선물로 받았지만, 필요가 없는 물건도 선물로 주면 된다. 누군가의 마음을 다시 누군가에 전달하는 것이다. 선물이란 마음을 전달하는 것이지 물건을 전달하는 것이 아니다. 마음을 담아 직접 만든 물건이 아니라면 지인에게 나눠주고 기쁨을 함께 나눠보자. 내가 사 모으는 잡동사니 중에는 팔고도 다시 사는 물건이 있다. 바로 사진 찍을 때 필요한 장식 소품들이다. 남편은 아마도 저런 물건을 버리고 왜 또 사들이나 할 것이다.

숙소를 운영하는 집 인테리어는 내가 직접 꾸민다. 사진 찍는 것을 좋아하는 나는 사진 속 소품으로 잡동사니를 가끔 산다. 필요가 없어지면 다시 팔거나 지인에게 선물로 준다. 샀다 팔기를 반복하는 물건은 그렇게 선물로 정리하면 끝이다. 언젠가 쓰일지 모르는 물건을 두고 집에 쌓아두지 말고 지인에게 선물하자. 그리고 필요하면 다시 사보는 것이다. 물건은 항상 새롭다. 새로운 물건은 집 안에 좋은 기운을 가져오고 활력을 준다. 쌓아두지 말고 나눠주자. 그리고 좋은 기운을 가져오자. 분명 좋은 일이 생길 것이다. 새로운 것, 깨끗한 물건이 주는 행복은 스스로 언제든지 만들 수 있다. 사용되지 않는 물건 보다 낡았더라도 자주 쓰이는 물건일수록 에너지는 더욱 행복을 가져다줄 것이다. 정체된 물건만큼 우리의 마음도 무거워지고 집 안의 에너지도 정체될 가능성이 크기 때문이다. 지금 당장 지인에게 나눠줄 물건들을 찾아보자. 나눔의 즐거움도 느끼고 행운이 가득한 집 안도 만들어보자. 행운을 불러주는 가장 쉬운 방법은 정리의 마법이다.

마트를 대형창고로 활용하라

언제부턴가 텅 빈 냉장고를 좋아하게 되었다. 아이가 없는 우리 부부는 닥스훈트 세 마리와 함께 살고 있다. 제주시 구좌읍 행원리라는 숲이 우거진 곳이다. 마을과 동떨어져 있어 조용하고 이웃과의 마찰 없이 지낼 수 있어 마음 편한 곳이다. 무엇보다 숲으로 둘러싸여 있다는 것 자체가 최고의 환경이다. 마트는 차로 10분 거리에 있다. 음식을 쟁여 놓지 않으면 필요한 재료가 똑 떨어졌을 때 불편할 것 같지만 전혀 그렇지 않다. 마트 가는 즐거움이 있기 때문이다. 마트 가는 길은 환상 드라이브 코스다. 1년에 한두 번 오는 관광객들에겐 천국 같은 일상이다. 마트를 갈 때마다 아름다운 바다를 볼 수 있기 때문이다. 집 냉장고에는 그 흔한 김치 하나 없다. 항상 자리를 차지하고 있는 것은 달걀뿐이다. 냉동 칸에는 새우와

브로콜리가 있다. 한 끼, 한 접시만 먹기 때문에 반찬이 필요 없다. 국을 먹을 때도 국과 밥만 있으면 된다. 김치 없이 어떻게 먹냐고 하겠지만, 우리는 김치 없이도 한 끼 잘 먹을 수 있는 부부다. 간혹 김장철에 김치라도 주변에서 얻게 되면 받아서 먹기도 한다. 마트에서 사서 먹기도 하고 전혀 안 먹고 사는 것은 아니다.

　지인 집에 놀러 가게 되면 냉장고를 열어보는 습관이 있다. 다들 냉장고에 터질 듯이 음식을 꽉 채워놓고 산다. 그러고는 먹을 것이 없다며 배달음식을 시켜 먹자고 한다. '아니 냉동 칸에 먹을 것이 저렇게 많은데, 있는 재료로 해 먹자'라고 말해보지만 먹을 것이 없다고 한다. 도대체 그럼 냉장고에 있는 식품들은 무엇일까? 가끔 시댁에 가서 냉장고 문을 열기라도 하면 비닐봉지가 넘쳐 떨어지는 경우가 있다. 넘치도록 꽉 찬 냉장고가 3대나 놓여 있다. 냉장고 모두가 음식으로 가득해서 더 이상 들어갈 자리가 없을 지경이다. 시어머니에게는 정리하자는 말도 꺼내기가 어렵다. 그렇게 꽉 찬 냉장고에 먹을 것이 가득하면서도 새로운 음식을 찾으신다. 못 먹고 자란 집 안도 아닌데 왜 채우는 것에 욕심을 내는지 궁금하다. 냉장고를 한 번 정리해드린다고 했지만, '아이고 애야, 거기 버릴 것이 하나도 없어'라고 하신다. 시집와서 삼 남매를 낳아 키우시며 집안 살림만 하셨던 시어머니는 음식 만드는 것을 좋아하셨다고 한다. 이북이 고향이라 음식 맛도 독특하면서 맛있다. 예전에는 대부분 집에서 해 먹어야 하는 시대였기 때문에 매일 장 보는 것이 생활이었을 것이다.

내가 어렸을 적에는 먹을 것이 지금처럼 많지 않았고 시장도 가까이 있지 않았다. 사다 놓고 쟁여놓을 만큼 대용량도 없었다. 하지만 지금은 대형마트들이 주변에 많아졌다. 집 근처 5분 거리 안에는 24시간 편의점이 있어 급할 때 모든 걸 바로 해결할 수 있다. 집 냉장고에 많은 것을 채워 넣지 않아도 편의점과 마트에 가면 언제든 살 수 있다. 마트를 우리 집 창고라 생각해보자. 가까운 창고는 편의점이 있지 않은가. 술과 음료는 편의점 냉장고에 보관되어 있다고 생각하면 된다.

서울에서 다시 회사에 다니기 시작하면서 작은 오피스텔을 하나 얻었다. 물도 잘 마시지 않는 나는 그 흔한 물도 냉장고에 없다. 누가 집에 놀러라도 온다면 1층에 있는 편의점에 가서 물 한 병 사 오라고 한다. 술을 좋아했지만 1층에 있는 편의점을 냉장고라 여기고, 일체의 술도 냉장고에 채워 넣지 않았다. 냉장고에 먹을 것이 없으면 늦은 밤 출출하더라도 열어보지 않게 된다. 다이어트를 해야겠다고 마음먹었다면 더더욱 냉장고에 먹을 것을 채워 넣으면 안 된다. 사람의 심리가 먹을 것이 보이면 먹게 된다.

1인 가구가 늘어나면서 집에서 밥을 안 해 먹는 사람들이 많아졌다. 배달음식을 시켜 먹거나 라면을 먹더라도 편의점에 가서 먹는다. 요리를 굳이 할 필요가 없다는 생각을 가지는 젊은 친구들이 많아지면서 요리하는 시간을 낭비라고 생각하는 사람들도 많아졌다. 그중에 나도 포함된다. 요리하는 시간만큼 아까운 시간이 없다. 요리하는 것을 좋아하는 사람에겐 이상한 소리로 들리겠지만 어쩔 수 없다. 그 시간에 책을 읽거나 자기계발에 투자하는 걸 더 즐겨한다. 통계청 자료에 따르면 2021년 6월 기준 전국 1인 가구 수는 621만 4,000가구로 조사되었다. 전체 가구 수의 30%나 차지하는 비율이다. 매년 늘어나는 추세다.

심효윤 작가의 《냉장고 인류》라는 책에는 이런 재밌는 표현이 있다. '편의점은 동네 텃밭이자 공유 냉장고다'라며, '편의점은 바쁜 현대인들에게 집 밖의 냉장창고가 된다. 동네의 공유 냉장고라고 볼 수 있다'고 한다. 이른바 '편세권'(집 근처에 편의점이 있는 것을 말한다)에 살면, 굳이 냉장고 안을 숨 막히게 가득 채울 필요는 없다는 것이다. 언제든 필요할 때마다 찾아가서 간단하게 먹을 수 있으니까 말이다. 그런데 집마다 냉장고가 있어도 동네의 편의점 점포 수는 줄지 않는다고 한다.

편의점만의 매력은 많다. 다양한 취향 저격의 식품들로 가득하다. 냉장고를 채우는 대신 편의점을 활용해보길 바란다. 나도 요즘 놀라운 편의점 음식에 반했다. 서울에 혼자 있는 요즘, 편의점을 자주 찾게 된다. 내가 찾는 모든 것은 다 있다. 신기한 편의점 세상을 들여다보니 그곳을 찾아오는 손님들도 다양하겠다는 생각이 들었다.

제주집 냉장고에는 달걀만 있는 날이 많다. 서울을 오가느라 남편에게 음식을 잘 챙겨 줄 수가 없다. 밑반찬도 잘 안 먹는 남편에게는 그냥 편한 음식을 사 먹으라고 한다. 제주에 내려가면 주로 해 먹는 음식들이 몇 가지로 정해져 있다. 냉장고 보관이 필요 없는 파스타다. 냉동 칸에 유일하게 자리 차지하고 있는 브로콜리와 칵테일새우가 바로 파스타 재료다. 라면보다 더 쉽게 만들어 먹을 수 있고, 국물이 없는 음식이라 나트륨을 덜 먹을 수 있다. 한 끼는 보통 이렇게 먹고, 밥을 먹게 되면 볶음밥이나 김밥을 자주 해 먹는 편이다. 김밥은 손이 많이 간다고 생각하지만, 김밥처럼 만들기 쉬운 요리도 없다. 김밥 속 재료로 무엇을 넣어야 한다는 정의는 없기 때문이다. 냉장고에 남아 있는 재료로 만들면 된다. 달걀만 있을 때는 달걀김밥을 만들면 된다.

달걀만 있다고 해서 설마 그것만 먹겠는가. 김밥 재료를 사러 가기 위해 차로 10분 거리에 있는 마트에 다녀온다. 마트에 가는 것은 귀찮음보다 즐거움이 더 많기 때문에 기분 좋은 마음으로 달려갔다 온다. 많은 것을 살 필요도 없다. 동네 자주 가는 마트라 어느 자리에 뭐가 있는지도 다 파악하고 있다. 필요한 재료만 사서 온다. 단무지, 당근, 어묵, 맛살, 김, 햄, 시금치 등 그래도 기본 김밥 필수 재료는 다 사다 놓는다. 재료가 동시에 소진되지 않기 때문에 남은 재료들은 다양하게 활용한다. 김밥도 만들지만, 볶음밥도 할 수 있고 시금치 무침이나 시금치 된장국도 끓여 먹을 수 있다. 재료가 소진될 때까지 알차게 먹는 것이다. 어묵볶음이나 어묵탕을 해 먹어도 좋다. 단무지는 김치 대신 국수 먹을 때 곁들이면 된다. 그렇게 김밥 재료 하나로 일주일을 먹는다. 있는 재료를 활용해서 먹는 재미가 있다.

냉장고는 남은 음식 보관용이다. 신선한 음식은 모두 마트에 있다. 왜 굳이 신선한 재료를 사다가 집 냉장고에 채워두는 것일까? 냉장고의 본래 기능도 식품의 부패 속도를 늦추기 위함에 생긴 것이다. 냉장고가 작으면 집도 넓게 활용할 수 있다. 냉장고 크기는 점점 커졌고 김치 냉장고가 등장하면서 냉장고는 가정마다 두 대는 기본이 되었다. 김치냉장고를 두 개씩이나 두는 집도 많아졌다. 집은 더 좁아지고 먹거리는 풍부해지면서 우리의 체지방은 더 늘어나기만 했다. 먹을 것이 많아졌지만 아직 김장하고 저장하는 풍습은 왜 사라지지 않는 것일까? 먹을 것이 없었던 옛날에는 겨울철 먹거리로 김장김치를 최고로 꼽았지만, 지금은 시중에 나와 있는 김치만 해도 수백 가지가 넘는다. 이제는 좀 먹는 것에서도 비움을 해야 하지 않을까.

베트남 사람들은 매일 장 보는 것을 생활화하고 있다고 한다. 무더운 날씨에 냉장고가 더 많이 필요할 것 같은 나라지만, 오히려 음식 보관이 쉽지 않아 식재료를 바로바로 소비한다는 게 베트남의 문화다. 매일 장을 보고 소량의 식재료만 구매해서 신선한 음식을 먹는다. 고기도 보관하지 않고 바로 먹어 버린다고 한다. 베트남 사람들이 오토바이를 많이 타고 다니는 이유가 아닐까. 오토바이를 타고 재래시장에 들러 식품을 구매하는 문화는 재밌기도 하면서 따라 해보고 싶기도 하다. 최근 제주에 사는 친구가 오토바이 면허증을 땄다. 차를 새로 주문했는데 1년을 기다려야 한다고 하니 마음이 바뀐 것이다. 오토바이를 타고 제주 구석구석 여행하고 싶다고 했다. 어쩌면 제주 시골에서 차를 가지고 매일 마트를 다니는 것보다 오토바이가 더 편할 수도 있겠다는 생각이 들었다. 나도 오토바이 면허를 따볼까 고민 중이다.

우리가 도심에서 더더욱 마트를 자주 다녀야 하는 이유는 또 있다. 꽉 채워진 냉장고는 비만의 원인이 되기 때문이다. 냉장고에 먹을 것이 가득하니 시도 때도 없이 먹는다. 밤늦게까지 먹고 곧바로 자는 사람들도 많다. 나도 30대에는 그렇게 살았었다. 살이 찌는 원인이기도 하지만 건강을 위협하는 가장 안 좋은 습관이기도 하다. 냉장고를 멀리하고 동네 마트와 친해져 보자. 필요한 것은 마트에 다 있으니 언제든 필요하면 가서 사 오자는 마음으로 살아보자. 그렇게 내 몸도 움직이며 건강을 챙기고 귀찮음 속에서 즐거움과 행복이 느껴질 것이다. 걷거나 대중교통을 이용해 쉽게 이용할 수 있는 동네 마트부터 시작해보자. 대형마트까지 가야 할 필요도 없다. 큰 곳에 가봐야 대량의 물건을 사게 되고 이왕 왔으니 있을 때 사서 가자는 마음만 생긴다. 카트가 클수록 많이 담게 되고 작은 바구니를 들고 다니면 내가 들고 갈 수 있을 만큼의 무게만 담게 된다.

소비문화에 더욱 열을 올리는 요즘은 온라인 주문으로도 많은 것을 해결하고 있다. 신선한 고등어도 새벽배송을 해주고 있으니 얼마나 편리한 세상인가. 장을 보러 나가지 않아도 인터넷으로 클릭 몇 번만 하면 집 앞까지 배달해준다. 이 지구는 점점 편리한 세상으로 바뀌고 있다. 편리해질수록 인류의 수명이 연장되는 걸까? 현대인의 평균 수명이 길어진 이유는 잘 먹은 탓도 있겠지만 의료 기술의 발달로 예방과 치료가 예전보다 훨씬 쉬워졌기 때문이다. 하지만 오히려 영양과다로 병원을 찾는 사람들이 많아지고 있다고 한다. 장수의 비결은 음식에 있다고 해도 과언이 아니다. 미즈노 남보쿠(水野南北)의 《소식주의자》에서 '배 속을 8할만 채우면 병이 없고 6할만 채우면 천수를 누린다'라고 했다. 오늘부터 냉장고에 있는 음식을 하나씩 꺼내어 정리하는 마음으로 요리해보자.

추억은 사진 찍고 기록한 후 버려라

사진 찍기 좋은 시대다. 온갖 사진을 찍어 SNS에 올리기 바쁘다. 먹는 사진부터 셀카, 여행, 반려견 등 다양한 사진을 만날 수 있는 최고의 순간들을 만나며 살고 있다. 남는 것은 사진뿐이다. 언제든지 꺼내볼 수 있는 지난 시간을 사진이나 동영상으로 기록해보자.

휴대전화로 사진을 찍을 수 있는 기술은 날로 발전하고 있다. 좋은 DSLR 카메라도 필요 없다. 일명 똑딱이 카메라라고 불리는 콤팩트 카메라도 이젠 무기일 뿐이다. 휴대전화는 만능이다. 휴대전화는 할 줄 아는 것이 많다. 사진도 찍지만, 동영상 촬영도 하고 음악도 듣는다. 자료 검색을 할 때도 뭐든 검색할 수 있고 요즘은 업무도 휴대전화로 하기도 한다. 이 작은 기계 하나가 해내는 능력은 가히 놀랍고 엄청나다. 이런 시대가 올 것이라고 누가 상상이나 했겠는가. 시티폰이 나왔을 때만 해도 전화를 거는 것만으로도 편리했다고 생각했는데 버튼도 없이 액정화면 하나로 모든 것을 끝내버리는 시대에 살고 있다.

모든 추억은 그 작은 기계 안에 다 들어 있다. 그리고 그 속에는 전 세계가 얽혀있다. 내 손 안에 작은 세상이라고도 불리지 않는가. 추억은 사진을 찍어서 보관해보자. 우리가 버리지 못하는 가장 큰 이유는 추억이 많이 담겨 있어서일 것이다.

추억은 만드는 것이 아니라 쌓이는 것이다. 하루하루가 기록이고 추억이다. 기록으로 쌓이는 추억에는 편지나 크리스마스 카드, 생일선물로 받은 물건이다. 여행 갔다 돌아오면서 기념으로 사 온 기념품들, 멋진 엽서나 액자, 나라별 열쇠고리, 특색있는 인형이나 머그잔 등 그리고 냉장고에 붙어 있는 마그네틱 소품들. 버리지 못하는 모든 물건은 추억이 많이 있는 것들이다. 그런 물건들은 예쁘게 한 컷씩 사진으로 찍어보자.

방송 프로그램 중 〈신박한 정리〉에서 신애라 씨의 집이 방송에 나온 적이 있었다. 그녀의 물건 정리 핵심은 사진을 찍어 클리어 파일에 담아놓는 정리습관이었다. 부부가 방송하면서 받았던 수많은 상패와 트로피들, 모두 사진을 찍어서 몇 권의 파일로 정리해 책꽂이에 꽂아놓은 모습을 보여줬다. 나는 물건을 정리하면서 대부분을 사진으로 남겨놨다. 불필요한 것들도 사진으로 남길 수밖에 없었다. 중고마켓으로 내놓으려면 사진이 필요했기 때문이다. 가끔 내가 좋아했던 판매 물건들을 사진으로 보는 재미가 있다. 다시 찾아오고 싶다거나 새로 사고 싶은 물건은 하나도 없다. 이제는 사진으로 보는 것만으로 즐겁다. 새로운 물건을 사고 싶은 마음이 들 때는 찍어놓은 사진들을 살펴보면 좋다. 같은 물건을 두 번은 사지 않을 테니 말이다. 내가 한번 정리했던 물건들은 다시 사지 않게 된다. 한번 소유해봤기 때문이다. 우리는 자신이 가져보지 못한 것에 대한 소유욕이 생긴다. 경험해보지 못한 새로운 체험들에 대해 끊임없이 궁금해한다. 인간의 본능은 궁금증으로 가득하기 때문이다. 모든 물건을 다 사진 찍어 보관할 필요는 없지만, 추억이 있는 물건이나 아쉬운 마음으로 떠나보내야 하는 것들이 있다면 사진으로 찍어 디지털 파일로 보관하자. 인화해서 클리어 파일에 담아 언제든 쉽게 펼쳐 볼 수 있도록 해보는 것도 좋은 방법이다.

추억을 기록하자. 사진으로만 기록하지 말고 일기를 써보자. 사진보다 더 감명 깊은 추억을 쌓을 수 있다. 사진 한 장으로 모든 걸 기억하기에는 어렵다. 사진과 함께 기록하면 더 좋은 추억을 만들 수 있다. 요즘 많이들 하는 블로그로 추억을 보관해보자. 블로그는 추억 쌓기 좋은 플랫폼이다. 사진을 인화할 일도 없고 종이에 글을 쓸 필요도 없다. 하물며 돈도 들지 않는다. 사진을 찍고 블로그에 올려 일상을 기록해 보는 것이다. 비밀일기를 써도 좋다. 블로그 이웃들과 공감대가 형성될 수 있는 콘텐츠로 소통하는 것은 지루한 일상에 재미와 행복을 느끼게 해준다. 잘만하면 수익도 올릴 수 있으니 일석이조다. 블로그에 내가 사용했던 물건에 대해 올리는 것을 100일 임무로 도전해서 하루에 하나씩 기록하고 하나씩 버려보자.

일기 쓰는 것도 귀찮으면 그냥 사진만 찍어서 보관하는 방법도 괜찮다. 우리는 본능적인 게으름으로 인해 블로그를 한다거나 일기를 쓴다는 것은 생각조차 하기 싫을지도 모른다. 우리 몸은 편한 것만 찾기 때문에 기록을 한다는 것 자체가 귀차니즘이다. 사진만이라도 찍어서 추억 상자라는 폴더를 만들어 디지털 파일로 저장해놓자. 자주 보고 싶으면 바탕화면 등에 놓고 클릭해서 보면 된다. 프린트로 출력해서 클리어 파일에 차곡차곡 정리해놓는 것도 좋은 방법일 테지만 그러기 위해 또 뭔가를 사야 하고 짐이 생기니 그냥 파일로 저장하는 방법을 택하는 것을 추천한다.

어쩌면 지금 세대는 손편지라는 말이 어색할지도 모르겠다. 내가 어렸을 때는 손편지나 엽서 등을 많이 주고받았다. 요즘은 SNS

가 있어서 펜팔의 의미도 무색해졌다. 전 세계가 내 손안에 있으니 펜팔은 무엇에 쓰는 물건인고 할 것이다. 아직도 편지나 크리스마스 카드, 엽서 등을 간직하고 있는 사람들이 있다. 추억 때문에 버리기 아까운 물건들이 쌓여 있을 텐데 사진 찍어 간직하기 좋은 것들이다. 내가 유일하게 편지처럼 20년 넘게 가지고 있는 종이 한 장이 있다. 바로 나의 사주풀이다. 편지도 아니고 엽서도 아니다. 노트에 잘 정리해놓은 걸 찢어서 건네받은 소중한 내 사주 이야기다. 1년에 이 부적 같은 종이를 서너 번씩 꺼내서 보곤 한다.

그렇게 꺼내보고 싶은 편지나 글이 아니라면 사진 찍어보자. 물론 나도 이 종이쪽지를 사진으로 찍어놓았지만, 달랑 한 장이라 잘 모셔두고 있다. 버리기의 처음으로 돌아가보자. 처음 버리기를 그렇게 미련하게 다 버렸을 때 가장 고민했던 물건이 바로 편지였다. 사실 편지만 버린 것이 아니다. 일기장까지 버렸으니 나의 소중한 추억이 몽땅 날아간 셈이다. 그 당시에 사진 찍는 기술이라도 좋았다면 편지라도 사진 찍어 남겼을 텐데 조금은 아쉽지만 버리고 난 후 난 너무 홀가분해짐을 느꼈다.

일기도 마찬가지다. 어쩌면 버렸어야 내 마음이 더 편했을 일기였을지도 모른다. 지금 생각해보면 젊은 날의 일기에는 행복보단 슬픔과 고독의 글이 더 많이 차지했던 것으로 기억된다. 그래서 버리기를 잘했는지도 모른다. 버리고 나서 더 행복해졌으니 말이다.

종이 같은 추억 말고도 선물 받은 물건들도 사진 찍어 남겨놓자. 선물은 보통 내 돈 주고 사기 아까운 것들을 받게 된다. 그렇게 받아놓은 것은 또 잘 쓰지 않게 되고, 애물단지로 전락해버리고 마는데 사진 찍고 중고로 팔아 버려라. 그 선물을 준 사람은 모른다. 집에라도 와서 찾을까 하는 그런 걱정 따윈 하지 않는 것이 좋다. 우리는 너무 쓸데없는 걱정에 하루의 90%를 보낸다. 걱정하는 일은 안 일어난다고 하지 않았던가. 그 물건이 잘 있느냐고 찾는 사람도 없을 텐데 꼭 그렇게 못 버리고 가지고 있더라. 사람들은 마치 인생을 백만 년이나 살 것처럼 집 안을 가득 채운다. 요술 호리병처럼 호리병에 모두 담아라. 호리병은 우리가 가지고 다니는 요술 휴대전화다. 만능이다. 모든 다 할 줄 아는 휴대전화에 맡기면 된다. 사진 찍고 기록하기 싫으면 사진만 찍어놓아라.

찍는 것이 일상이 되어버린 요즘이다. 사고 싶은 물건도 일주일만 참으면 미련은 사라져버린다. 사진을 찍어오자. 그리고 일주일을 기다려라. 사진만 들여다봐도 즐겁다. 눈앞에 물건이 없고 사진 속에만 있다면 마음은 점점 그 물건에서 멀어질 것이다. 충동구매만 없으면 우리는 많은 물건에서 해방될 수 있다. 우리 마음속에 자라는 유혹의 손길은 사라지지 않는다. 어느 순간 또 손을 흔들고 있을 것이다. 없앨 수는 없지만, 우리에겐 끈기와 인내가 있기 때문에 참을 수 있는 용기로 밀어붙이면 된다. 물건을 사 온 후 비닐로

덮인 박스를 칼로 벗겨내는 순간 우리는 갖고 싶었던 그 욕망의 불구덩이에서 찬물을 끼얹는 소리를 들을 것이다.

물건이라는 것이 그렇다. 내 손에 없으면 허전하고 손에 들어와도 감동이 사라지는 것은 시간문제다. 순간을 참지 못해 덥석 질러버리는 습관만큼 나쁜 버릇도 없다. 그렇게 쌓인 물건들이 집 안에 얼마나 많은가. 더는 물건에 지배를 받지 말고 내가 정리할 수 있는 물건만 잘 정리하며 살아보자. 우리는 빈손으로 가야 한다는 걸 잊지 말자. 결국, 추억도 영원하지 않다는 것을 알아야 한다. 살아 있는 동안 간직할 만큼의 양만 추억을 간직하자. 너무 많은 것을 품으려 하지 말자. 추억은 매일 만나는 하루라는 멋진 시간이다. 그 시간을 즐기자. 과거는 중요하지 않다. 미래에 대한 꿈을 품는 것이 과거의 추억을 회상하는 일보다 더 멋지다. 과감히 버리는 습관, 죽어도 못할 것 같은 습관을 이제 한번 지녀보는 거다. 사진 찍어 남기자. 그리고 버리자. 버리지 못할 물건은 없다.

버리지 못하는 물건은 박스에 넣어
한 달만 보관하라

　버리지 못하는 물건은 무엇일까. 아이러니하게도 나에게는 소중한 보물 1호가 버리지 못하는 물건이다. 보물 1호라고 하는 음악 CD는 소장만 하고 음악은 스트리밍으로 듣는다. 게다가 뜯지 않은 CD도 많이 있다. 집 구조상 방이 하나밖에 없기 때문에 박스 대신 커다란 컨테이너에 물건을 보관하는 버릇이 생겼다. 정리하게 되면서 없어도 사는 데 전혀 지장이 없는 것들을 모아서 모두 컨테이너에 옮겨놨다. 버리지 않아도 된다는 안도감이 생기면서 필요하면 언제든지 꺼내서 사용할 수 있기 때문에 쌓아놓기 좋은 장소였다.

　책은 수차례 정리해서 한두 권밖에 남지 않았고 모든 CD는 컨테이너로 옮겼다. 그리고 버리지 못하는 것 중에는 이런 것들이 있었다. 서류들이다. 계약서나 자격증 같은 것은 버리면 곤란한 것들이다. 나는 그것도 그냥 사용하지 않는 물건으로 분류한다. 요즘에는 서류들도 잃어버리면 재발급이 가능하다. 예전처럼 문서에 대한 중요도가 그렇게 크지는 않기 때문에 걱정할 필요도 없다. 등기부등본 맨 앞에 있는 숫자를 잊어버려도 집을 매매하는 데 크게 지장을 주지 않는다. 조금 번거로울 뿐이다. 그런 서류들과 어렸을 적 사진들이다. 인화된 사진도 많이 정리했지만, 그중에 어렸을 적 사진과 학창시절 찍었던 사진을 조금 가지고 있다.

졸업앨범도 그중에 하나다. 사실 볼 일도 없고 이제 와서 옛 친구 찾을 일도 없기 때문에 가지고 있는 게 큰 의미는 없지만, 그냥 가지고 있다. 버릴 수도 안 버릴 수도 없는 딜레마 같은 물건들이 존재하게 된다. 그런 물건들은 모아서 박스에 담아 한 곳에 모아보자. 아마도 이런 물건들은 집 어느 구석에는 다들 자리하고 있을 것이다. 꼭 가지고 있어야 할 물건을 제외하고는 박스에 담아 보는 것이다. 나는 박스 대신 언젠가는 버릴 플라스틱 작은 서랍장 하나가 있어 그곳에 넣어두었다. 수채화를 다시 그려보겠다고 산 고체물감과 종이와 붓, 그리고 좋아하는 필기구류 몇 개. 컬러가 예뻐서 갖고 있는 띠종이, 그게 전부다. 그리고 노래 부르는 것을 좋아해 노래방 스피커를 최근에 사다 놓은 게 있다. 크지 않으면서 스트레스용으로 가끔 사용하곤 하지만 또 막상 사놓고 보니 별로 사용을 안

하게 되더라. 그렇게 사용빈도가 낮거나 없어도 될만한 물건들을 추려서 박스에 담아 본다. 없어도 살 것 같은 것이어야 한다.

그 박스가 통째로 없어도 될 만한 물건을 담아야 한다. 무엇을 버려야 하는지 구분은 할 수 있을 것이다. 당장에 버릴 것이 아니니 크게 걱정 안 해도 된다. 박스에 담은 물건들은 테이프를 잘 붙여 둔 다음 꺼내기 번거로운 곳에 놓아둔다. 분명 찾는 물건도 생길 것이다. 하지만 꺼내지 않아도 될 물건임이 분명하다. 이미 넣을 때 버려도 된다는 마음으로 넣었기 때문에 박스를 꺼내서 테이프를 뜯고 그 물건을 꺼낸다는 것이 귀찮게 느껴질 것이다. 있으면 편하고 없으면 불편한 것들. 우리는 그런 물건들을 많이 가지고 있다. 원래부터 없었던 물건이라 없이도 잘 살았던 시절이 있을 것이다. 편리한 세상에 물들어 자꾸자꾸 편리함만 찾게 되는 요즘, 조금 불편함을 곁들여 살아보자.

그리고 이제 한 달을 지켜보자. 분명 한 달 동안 아무 일도 없었을 것이다. 한 달을 안 찾아봤다면 두 달을 지내보자. 그렇게 몇 달을 지내보다 보면 없어도 살 수 있는 물건이었다는 걸 알게 된다. 나의 경우는 이런 물건들이 있었다. 자격증 따려고 공부했던 책들, 다리미, 달걀 슬라이서, 아보카도 슬라이서, 와인마개, 와인오프너, 미니거름망, 무선 블루투스 이어폰, 명품 가방, 선물 받은 머그

잔, 좋아하던 그림엽서, 선물 받은 접시 등 다른 물건에 비해 조금
은 오래 보관하다 정리한 물건들이다. 친구가 직접 그려서 선물로
보내 준 머그잔은 정리하기 힘든 물건이었지만 집에 머그잔이 많았
고 내가 좋아하는 머그잔은 따로 있었다. 친구에게는 미안했지만,
나중에 정리했다고 이야기했다. 그래도 그 중 보내기 아쉬운 머그
잔은 엄마에게 주었다. 무선 블루투스 이어폰도 선물로 받은 거지
만, 요즘 나오는 에어팟은 얼리어답터인 나에게 그다지 매력적이지
않은 제품이었다. 한 번도 그 에어팟을 갖고 싶어 한 적이 없었기
때문이다. 오히려 유선 이어폰이 좋았다. 결국은 사용을 안 하기로
마음먹었고 그 이후로 무선 블루투스 이어폰은 쳐다도 보지 않는
다.

　명품 가방, 참 이거야말로 딜레마다. 언니가 선물로 준 가방인
데 예쁘기도 하지만 가방을 잘 들고 다니지 않는다. 요즘 실용적인
에코백을 많이 들고 다닌다. 물건을 사면 봉투를 100원을 주고 사
야 하기 때문에 면가방 하나씩은 기본으로 들고 다닌다. 하다못해
종이봉투를 매일 가방처럼 들고 다니는 지인도 있다. 예쁜 가방에
는 차마 넣어 다닐 수 없는 잡동사니들이 늘어나면서 물건을 막 담
을 수 있는 편리한 에코백을 찾게 된다. 제주에서는 더욱더 핸드백
을 들고 다닐 일이 없다. 서울에서 출퇴근하는 나는 휴대전화만 넣
어서 다니는 휴대전화 지갑과 필요할 때 들고 나가는 가볍고 편한

에코백 하나가 있다. 결국은 명품 가방은 나에게서 아웃된 셈이다. 와인마개, 특이하기도 하고 있으면 사용할 것 같지만 와인을 먹고 남기는 일이 별로 없기 때문에 결국에는 정리 대상이 되었다. 그리고 지금은 술을 마시지 않는다.

다음은 사진엽서다. 쥘리에트 비노슈(Juliette Binoche) 주연에 〈블루〉라는 영화 포스터 엽서와 예쁜 엽서 사놓은 것을 오랫동안 보관하고 있었다. 블루 포스터는 예뻐서 액자에 담아 진열도 해 봤지만 다 쓰레기로 전락하고 말았다. 결국은 그 예쁜 엽서들도 불필요한 존재가 되어버렸다.

자격증 책. 공부했던 기간이 1년이 넘었던 법무사 자격증 책이다. 언젠가 꼭 다시 할 거라는 마음으로 가지고 있었지만 언제 할지 모른다고 판단했다. 공인중개사 자격증을 따면서 공부에 재미가 붙은 나는 민법이 재밌어 법무사 공부를 했었고 2년간 시험도 봤다. 어렵다는 건 알았지만 갑자기 회사를 다시 다녀야 하는 상황이 되어서 보류시켰는데 당분간은 회사에 다니는 것에 집중하기로 했고 공부는 좀 미뤄두기로 했다. 그리고 책을 정리하기로 마음먹은 것이다.

다리미. 나는 세상에서 다림질하는 것이 제일 싫은 1인이다. 숙소를 하면서 이불커버를 직접 다리고는 했다. 미친 짓이었다. 그렇게 하는 것이 손님에 대한 예의라 생각했지만 잘 말려서 잘 개놓으면 다림질한 것처럼 잘 펴졌다. 다림질하는 옷은 잘 안 산다. 그런 옷은 아예 드라이를 맡겨 버리는 것이 낫다. 다리미는 처음부터 사지 말았어야 하는 물건이었다. 달걀 슬라이서는 예쁘게 잘라서 먹기 위해 사용했다. 하지만 뱃속으로 들어가는 데 예뻐서 뭐하나 싶어 잘 쓰다 정리 대상에 넣었다. 없어도 되었다.

하지만 후에 1,000원 주고 다이소에서 다시 사는 경우가 생겼다. 그렇게 필요하면 다시 사면 된다. 얼마 하지도 않는 거. 사진 찍는 것이 취미였던 나는 음식 사진을 예쁘게 플레이팅하기 위해 달걀 슬라이서가 필요했다. 비싼 거라면 다시 살 생각은 안 했겠지만, 우리에겐 가까운 다이소가 있다. 마음이 변해버렸던 것들이 생각이 난다면 다시 사서 쓰면 된다. 물건은 새것일수록 우리에게 좋은 기운을 준다. 그렇게 박스 안 쌓아뒀던 물건들은 결국은 사용하지 않는 물건으로 남게 된다. 버리기 좋은 방법의 하나다. 박스에 담아 버렸다고 생각하고 살면 나중에 정리하기가 쉬워질 것이다. 사람마다 사용하는 빈도가 달라 무엇이 자신에게 필요한지를 파악할 수 있을 것이다.

다리미 없이 못사는 사람도 있을 것이고 블루투스 이어폰이 없으면 안 되는 사람도 분명 있다. 커피를 마시지 않는 사람은 분명 커피 그라인더가 필요 없을 수 있는 것처럼 자신에게 필요한 것만을 찾아서 놓아보자. 언제나 여행 가는 사람처럼 여행 짐이 내 인생의 짐이라 여기고 가볍게 최소한의 것으로 가져보는 연습을 해보는 것도 좋지 않은가. 박스에 담아 쌓아두고 정리해보는 습관을 길러본다면 한 번에 정리하는 것보다 훨씬 가벼운 마음으로 비울 수 있을 것이다. 있어서 좋기보다 없어서 좋은 마음이 어떤 기분인지도 알면 삶이 다르게 다가올 수도 있다. 비우는 삶은 마음을 가볍게 해줄 것이다. 해보지 않으면 모른다. 비워야 또 채울 수 있다. 비우기는 새로운 채움을 시작하는 과정이다. 미니멀 라이프는 행복해지기 위해 하는 것이다. 비울수록 행복해지고 또 채워지는 기쁨도 얻을 수 있다. 그렇게 비우다 보면 채우지 않아도 행복해지는 날을 만날 수 있다.

5장

심플하게
더 소중한 것에만
집중하라

완벽하게 정리된 삶이 아니라 행복한 인생이다

정리를 해야 하는 궁극적인 이유는 행복한 인생을 찾는 데 있다. 정리해본 사람은 느낄 것이다. 정리하고 난 후의 정갈해진 방을 보면 기분이 좋아지는 것을 한 번이라도 경험해 보았을 것이다. 미니멀 라이프는 단순히 물건을 소유하지 않겠다는 의미가 아니다. 마음을 가볍게 하고 기분을 좋게 만드는 하나의 기법이라고 말하고 싶다. 뭔가 채워서 기분이 좋을 수도 있지만 채우기 전에 비우는 연습을 먼저 해보자.

미니멀 라이프를 추구하면서도 내 주변에는 뭔가로 가득 채워지는 날들이 찾아온다. 그런 날들은 언제였을까. 행복한 날들이다. 내가 행복한 날에는 물건을 사들이기 시작한다. 미니멀이라는 개념을 잊어버린다. 구매욕구가 시작되는 날들이 찾아오면 어느새 물건들이 나를 지배하기 시작한다. 예쁜 것을 보면 사고 싶어진다. 밖에 나가 쇼핑을 하다가도 사게 되지만 집에서 홈쇼핑 방송을 보며 이것저것 구매 버튼을 쉴 새 없이 눌러대는 경우도 많다. 물건이 점점 쌓일수록 마음도 점점 무거워진다. 어느 날 사방을 둘러보니 나도 모르게 쌓인 물건들을 보며 깜짝 놀란다. 그리고 나의 상황을 직감한다. 예상치 못한 고민과 걱정들이 나를 덮치고 있다는 생각에 빠져든다. 불행이 시작되고 있다는 불길한 예감마저 든다. 물건이 쌓이고 정리가 안 될수록 답답한 마음도 쌓이고 불안한 날들도 점점 깊어져 간다.

쌓여만 가는 물건들은 그렇게 나의 마음을 불안으로 몰아간다. 다시 정신을 바짝 차리고 정리를 시작한다. 물건 사기와 정리하기의 반복은 몇 년에 한 번씩 고질병처럼 찾아온다. 최근 많은 짐이 정리되고 마음의 평온을 찾았다. 이렇듯 정리의 힘은 나에게 마음의 휴식을 찾아준다. 미니멀 라이프를 추구하는 이유도 바로 행복한 인생을 찾기 위함이다. 깨끗한 공간을 가꾸며 살아가는 것과 불필요한 짐을 늘리며 살아가는 모습을 비교해보니 내 인생은 늘 그렇게 물건과 연관되어 있었다.

나는 2년간 당근마켓으로 잡동사니 물건들을 정리했다. 뭔가 간절히 원하는 것이 있을 때 나는 정리를 시작한다. 뒤늦게 공부하는 재미에 빠졌다. 공인중개사 시험을 보기로 하고 나는 새벽형 인간으로 바뀌기 시작했다. 새벽 시간에 일어나 강의를 들으면 온 우주가 나에게 에너지를 전해주는 기운을 느꼈다. 새벽 시간의 집중력은 태어나서 처음으로 느껴보는 신비한 힘이었다. 나의 새벽 공부는 2년간 이어졌다. 낮에는 일해야 했고 저녁에는 새벽을 위해 일찍 잠자리에 들었다. 그때부터 함께 시작된 것은 바로 물건 정리하기였다.

숙소를 정리하고 공인중개사를 해야겠다는 생각이 든 것은 비슷한 맥락에서였다. 집 구경하는 것을 좋아하고 인테리어하는 것을 좋아하는 나에게는 청소하지 않는 부동산 중개의 역할이 더 잘 어울릴 것 같다는 생각을 했던 것이다. 고객과의 컴플레인 전쟁도 없을 것이고 더 많은 집을 볼 기회도 생겨 훨씬 내 적성과 맞을 것 같은 생각이 들었다.

카페를 운영하고 있었던 나는 카페는 더는 하지 않겠다는 다짐을 했다. 더 이상 커피머신을 비롯해 장비들이 필요 없어졌다. 모두 정리하기로 마음먹었고 중고로 팔아치웠다. 그렇게 카페에 쏟아부었던 기계며 도구들을 정리하고 가구도 빼기 시작했다. 앤틱가구들도 정리하고 천장에 달았던 예쁜 조명까지 모조리 떼서 정리했다. 정리해야 할 물건들이 많았기 때문에 한 번에 끝낼 수는 없었다. 카페 물건을 정리하고 난 후 숙소를 정리하기 시작했다. 1년 동안은 공부와 정리를 동시에 하면서 고요한 일상을 보냈다.

첫해 시험에 동차 합격을 기원했지만, 시험을 두 달 앞두고 나에게 악마의 손길이 뻗쳐왔다. 행복은 항상 그냥 오지 않는다. 악마와 싸워 견디는 힘을 던져준다. 우리는 거기서 악마와 싸워야 한다. 싸워서 이겨야 한다. 끝까지 싸워야 하는데 결국 싸우지 못하고 패배를 인정해버렸다. 나는 그 경험에서 크게 깨달았다. 행운은 결코 우연처럼 오는 것이 아니라는 것을.

시험 두 달 전부터 갑자기 주식에 빠졌다. 왜 그때 주식에 눈이 돌았는지 이해되지 않는다. 시험 보는 전날까지 그 주식이라는 악마의 구렁텅이에 빠져 중요한 한 달을 망쳐버렸다. 그리고 동차 합격의 영광은 사라지고 1차 합격이라는 안타까운 소식만 내게 남겨졌다. 이런 악마는 늘 내 곁을 맴돌았던 건 아니다. 결정적인 순간에 찾아온다. 시험이 끝난 직후 나는 주식에서 멀어졌다. 신기하게 시험 전날까지 지독하게 집중하게 만들었던 주식에 대한 관심도 함께 끝나버렸다. 왜 하필 그 시기에 그런 것들이 내게 찾아왔을까. 시험에만 집중했더라면 동차 합격이 바로 되었을 텐데 중요한 한 달을 악마와 싸우는 데 지고 말았다.

다음 해인 2차 시험에도 여전히 악마는 찾아왔다. 2차를 1년간 다시 공부하기에는 너무도 긴 시간이라는 생각이 들었다. 민법을 좋아했던 나는 법무사라는 다른 자격증 도전을 시작했다. 그렇게 공인중개사 2차 시험 공부는 미뤄둔 채 법무사 공부에 매진했다.

그리고 나에겐 기회의 손길이 뻗쳐왔다. 한 달 살기 숙소만 주로 운영했던 나는 단기숙소를 운영해보고 싶었다. 예전부터 알고 있던 탐내던 펜션이 하나 있었다. 내 마음속 바람이 이루어지기라도 한 듯 운명처럼 그 펜션이 나에게로 다가왔던 것이다. 기쁜 마음으로 펜션을 운영했고 또다시 필요한 물건들을 채우는 데 바빠졌다. 공부도 해야 되고 새로운 펜션도 운영해야 하고 펜션 홍보도 해야 했다. 그뿐만 아니라 청소와 빨래도 모두 맡아서 해야 했다.

그렇게 바쁜 날들이 시작되고 숙소에도 많은 예약이 되고 있었다. 즐거운 날들이 시작되나보다 했다. 오픈한 지 한 달쯤 되었을까? 이것은 기회의 손길이 아니라 악마의 손길이었다. 세상에 없던 커다란 일이 터져버렸다. 바로 코로나19다. 생각지도 못한 감염병 소식으로 뉴스를 도배하기 시작하더니 결국 모든 예약은 취소가 되었고 환불처리를 해야 하는 사건이 발생하고 말았다. 늘 결단의 순간은 빠르다. 1년을 계약한 임대숙소였지만 6개월까지만 하기로 임대인과 상의했고 남은 5개월은 한 달 살기 손님으로 채워 겨우 월임대료만 정산될 만큼 운영하고 끝내게 되었다. 마침 새로운 임차인이 숙소를 운영하겠다고 나섰다. 숙소에 필요했던 물건들과 함께 모두 정리할 수 있었다. 깔끔하게 숙소에 대한 미련을 버렸고 코로나19는 더욱 소상공인들에게 직접적인 영향을 미치기 시작했다. 제주는 그래도 감염환자들이 전국 최저율로 관광객들은 늘어나고 있었지만, 결과적으로는 바이러스는 제주까지 모두 덮치는 상황을 맞이했다. 그렇게 공인중개사 2차 시험은 뒤로 한 채 먹고 살 걱정을 하느라 신경을 쓰지 못하고 있었다.

시간이 어느덧 흘러 2개월을 앞둔 시점이 되었다. 잠시 멈춰 있던 중고마켓 물건 팔기에 본격적으로 나섰다. 숙소를 하면서 사용했던 잡다한 물건들을 중고마켓에 올렸다. 그릇이며 조리도구, 온갖 잡동사니들을 다 사진 찍어 올리는 작업을 시작했다. 집에 있는 모든 것을 팔아 치울 셈으로 하나씩 올리기 시작했다. 물건을 올리면 신경 써야 하는 일들이 많다. 질문에 대답도 해줘야 하고 시간에 맞춰 거래도 해야 한다. 그런 반복적인 생활들은 2차 시험을 보는 전날까지 끝이 나지 않았다. 20년 전 하루 만에 끝낸 버리기와는 상황은 달랐다. 하루가 아니라 2년이라는 긴 시간이 흘러서야 멈췄다. 신기하게 그 끝은 시험 보기 전날이었다. 악마였을까? 한 달간 집중으로 마무리를 하겠다는 다짐은 중고거래와 함께 산만한 공부를 하고 있었다. 중고거래는 한시도 쉬지 않았다. 시험 전날까지 정리하고 싶던 모든 물건을 팔아치웠다. 그리고 시험 당일 1차 때보다 더 떨리는 마음을 안고 시험장소에 도착했다.

시험이 끝난 후 묘한 감정을 안고 집으로 돌아왔다. 신기하게 나는 시험이 끝난 이후로 중고마켓에 파는 행동을 멈췄다. 나도 모르게 파는 것이 귀찮아졌고 더는 정리하는 것이 싫어졌다. 올린 물건 중 거래가 안 된 것들을 모두 거둬들였다. 그때 거래가 안 되어 남은 물건들은 유일하게 아직 남아 있는 내 것이 되었다. 이후로도 다시 팔고 싶다는 마음이 생기지 않았고 지금 남아 있는 그것들은 마치 팔리지 말았어야 했던 물건처럼 내 눈앞에서 필요한 물건으로 자리하고 있다.

두 번째 정리는 두 달 동안 나에게 또다시 신이 들린 것처럼 시작되었다가 멈췄다. 그리고 간절히 원하던 2차 합격 소식을 받았다. 그렇게 물건 팔기를 열심히 하면서 2차 시험공부를 했기에 간절함이 더했다. 어쩌면 합격의 영광을 위해 그렇게 열심히 물건 정리를 했었는지도 모른다. 이렇듯 정리는 행운과 행복을 가져다주었다.

내 두 번째 정리 기적은 기쁨 그 자체였다. 별것 아니라고 생각할 수도 있겠지만 공인중개사 자격증은 나에겐 정말 간절했고 바램을 위해 열심히 정리했다. 행복은 정리를 통해 늘 나에게 다가와 줬다. 완벽하진 않지만 간절한 마음으로 정리하면 행복이 찾아온다는 것을 또 한 번 정리의 힘이 크다는 것을 경험했다.

《정리의 힘》이라는 책을 보며 나는 깜짝 놀랄 사실을 발견했다.

"이처럼 너무 정리를 하고 싶어지는 이유는, 정말 방을 정리하고 싶은 것이 아니라 심리적으로 정리하고 싶은 다른 뭔가가 존재하기 때문이다. 공부를 하지 않으면 안 되기 때문에 마음이 불편한데, 눈앞이 어수선해서 '정리를 해야 한다'는 생각이 들고, 결과적으로 공부와 정리의 우선순위가 바뀌는 것이다. 그 증거로 시험 전날 정리하고 싶은 충동이 시험이 끝난 후에도 계속 드는 경우는 거의 없다는 것을 들 수 있다. 시험을 끝내고 집으로 돌아오면 전날 밤의 정리에 대한 열정은 깨끗이 사라지고 이전의 생활로 돌아가게 된다. 시험공부를 하지 않으면 안 된다는 문제가 '정리'되었기 때문이다."

바로 시험이라는 심리적 불안 때문에 나는 정리를 멈추지 못했고 시험이 끝나고 더이상 공부할 필요가 없다는 안도감에 정리도 함께 멈춰버린 것이다.

너무도 많은 짐을 가지고 있었고 그 짐이 정리되지 않는 한 나의 심리 불안은 끊이지 않을듯했다. 그것이 공부하는 데 방해 작용을 했다는 것을 알게 되었다. 지금도 글쓰기에 집중하기 위해 우선순위로 정리를 시작한다. 눈앞의 어수선한 것들을 치우고 책상에 앉으면 정신이 똑바로 선다. 특이한 것은 내 눈에 거슬릴 것이 없는 카페나 외부 공간에서는 집중이 잘된다는 것이다. 그래서 집에서 글을 쓰는 것보다 카페 공간에서 글쓰기가 잘된다는 것을 새삼 처

음 알게 되었다. 미니멀 라이프는 단순히 정리에서 그치는 것이 아
니라 행복을 찾는 습관을 만드는 것임을 다시 한번 상기시켜 본다.

당신이 사는 곳이
당신이 어떤 사람인지 말해준다

제주에서 사는 우리 부부의 모습을 본 사람들은 이렇게 말한다. 신선이 따로 없다고. 보이는 것이 전부일 때가 있다. 반은 맞고 반은 틀리다. 누군가의 집에 방문했을 때 그 집을 둘러보면 어떻게 사는 사람인가를 절반은 알 수 있다. 와이너리가 있다면 와인을 즐겨 마시는 사람일 테고 술을 쌓아두고 산다면 애주가일 것이다. 우리 집은 누가 봐도 음악을 좋아하는 집처럼 보인다. LP와 CD가 많이 있기 때문이다. 실제로도 우리 부부는 음악을 좋아한다.

각자가 즐기는 음악의 취향은 다르지만, 음악을 좋아하는 건 같다. 한참 홈 카페가 유행할 때에 커다란 커피머신을 집에 설치하는 사람들도 많이 있었다. 그만큼 커피를 즐긴다는 것을 알 수 있다.

나 또한 카페를 정리하고도 한동안 커피머신을 정리하지 못해 집에서 커피를 직접 내려 마시기도 했다. 카페라떼를 좋아해서 스팀 우유를 만들어 먹기 위함이었다. 요즘은 기계 또한 더 좋아지고 콤팩트해져서 가정용 커피머신도 많이 좋아졌다. 예전에는 반자동 머신을 사용했지만, 요즘은 대부분 자동머신으로 바뀐 듯하다. 책이 많은 집은 책 읽는 사람이 집 안에 있다는 증거일 테다. 내 책까지 못 버리고 있었다면 나는 미니멀 라이프는 하지 못했을 것이다.

20대에도 책은 많이 읽는 편이었다. 요즘처럼 쏟아지는 책들을 다 사들였다면 책 속에 파묻혀 지냈을지도 모른다. 아이패드 하나로 수천 권의 책을 읽을 수 있다는 것이 참 좋아진 세상인 것은 분명하다. 종이의 질감을 느끼고 싶은 아날로그 감성은 잊을 수 없지만 난 계속 신문물을 따라가려고 한다. 심플한 삶을 살게 해주는 가장 큰 장점이 아닐까 싶다. 이제 내가 가지고 있는 유일한 짐, 음악 CD도 이제는 정리할 때가 온 것 같다.

어떤 집에서 사느냐가 중요하다. 집 모양, 크기, 종류에 따라 어울리는 물건을 선택하는 기준이 다르기 때문이다. 그런데 사람들은 참 개성이 없다. 하나같이 다 똑같은 TV에 똑같은 냉장고, 세탁기 등등. 공장에서 찍어내는 똑같은 물건들을 좋아한다. 아파트를 싫어하는 이유 중에 하나다. 개성이 없고 모두 다 똑같기 때문이다. 같은 아파트에 살면서 비슷한 가전과 가구들을 들여놓고 산다. 내가 가장 싫어하는 것이 양문형 냉장고다. 그리고 김치냉장고도 별로 좋아하지 않는다. 한 번도 사본 적도 없다. 김치를 잘 먹지 않는 이유 탓도 있다. 물론 김치냉장고가 다른 용도로 더 많이 활용되고 있다는 것도 알고 있다. 그 또한 너무 많은 먹거리들을 냉장고에 넣어두고 생활한다는 의미가 아닌가. 양문형 냉장고는 개성이 없다. 그리고 예쁘지도 않다. 다 똑같다. 요즘 집을 지을 때 양문형 냉장고가 들어갈 자리를 미리 만들어 놓는 것도 마음에 들지 않는다. 사람의 생각이 다 다른데 왜 양문형 냉장고가 들어갈 수 있게 공간을 미리 짜두는지 모르겠다.

디자인을 가둬두는 일은 일상에 지루함만 더할 뿐이다. 할 수 없이 그 자리를 메우기 위해 냉장고를 사 본 적도 있지만 나를 설레게 하는 물건은 될 수 없었다. 사람들은 자신의 개성을 찾으려 하지 않는다. 남들이 하니까 대부분 따라가는 경향이 있다. 우리 눈에 보이는 것은 그게 다이기 때문이다. 나는 컬러풀한 스메그 냉장고를 좋아한다. 자동차도 컬러감이 다양한 미니쿠퍼를 좋아한다. 겨울이 되면 하나같이 똑같은 검은색 패딩을 입고 출퇴근하는 사람들을 보면 마치 좀비가 움직이는 것처럼 보이기도 한다. 일렬로 늘어선 에스컬레이터의 검은 행렬 사이에 나는 튀는 컬러로 사이에 끼어 본다. 검은색을 좋아해서 입는 걸까. 때가 안 타서 오래 입을 수 있는 검은색이 좋은 건가? 그건 우리가 어릴 적 옷이 없어서 잘 못 입을 때의 발상인데 아직도 그런 생각에서 벗어나지 못했다는 것인가.
개성 있는 시대라지만 개성이 없어 보이는 겨울 패딩의 행렬은 지
루하기만 하다.

내 삶에 진정 소중한 것들만 남겨두자

변하지 않는 것은 없다. 그리고 가장 변하기 쉬운 것은 우리의 마음이다. 그러면서도 쉽게 변하지 않는 것도 마음이다. 물건 때문에 소중한 것을 잃기도 하지만 마음 때문에 마음이 소중한 것을 잃게 만들기도 한다. 잘 몰랐었다. 마음이 생각을 어떻게 지배하는지. 한없이 마음이 약했던 20대, 좀 더 나아질 거라 기대를 해보는 30대, 견딜 것 같지만 역시나 무너지고 마는 40대의 마음을 들여다봤다.

마음이라는 것이 뭐길래, 마음 하나가 인생을 좌지우지하는지를. 흔들리지 않는 곧은 마음을 갖기까지 수십 년이 흘렀다. 마음 하나가 무너뜨린 삶 속에는 오해를 만들며 풀지 못한 사연들이 늘어가고 있었다. 변명이라도 했었으면 달라졌을까. 해명이라도 속

시원히 했으면 풀어졌을까. 많은 오해가 낳은 관계 속에서 마음이라는 병은 참으로 고치기 힘든 고통이었다. 마음이라는 것은 스스로 다스리기 나름이라는 것을 깨닫기까지 이렇게 오랜 시간이 걸리는 것이었다. 모든 것은 경험으로 터득해서 얻어야만 내 것이 된다고 믿었던 나는 억척스럽게도 끝까지 견뎌내는 힘을 길러 왔다.

지금 나에게 가장 소중한 것이 무엇인지를 돌아본 적이 없었다. 한순간의 욕망, 욕심, 분노, 좌절, 희망, 행복, 기쁨, 감사를 너무도 쉽게 지나쳐 버렸다. 힘든 순간이 왔을 때 한 번도 그것과 부딪혀 싸우려고 했던 적도 없었다. 그저 도망치기에 바빴다. 마음을 정리하는 방법을 몰랐기 때문에 항상 내가 손해 보면 된다고 하는 마음으로 살아왔다. 그로 인해 마음은 너덜너덜해지고 두려움이 생기면 꼭 껴안은 채 살아야만 했다. 이것은 어느 해 한정된 순간이 아니다. 젊은 시절부터 지금에 이르기까지 인생 사이 사이에 마음의 두려움을 가둔 채 살아왔던 기억을 꺼내는 것이다. 힘든 시기에 소중한 것이 무엇인지 찾는 방법을 몰랐기 때문에 마음은 늘 외롭고 고독했는지 모른다. 마음이 무너지는 순간을 만나면 술을 마셨고 아무것도 하지 않았다.

다음 날이면 안정된 날을 찾았다고 생각했지만, 다시 밤이 되면 술을 마셨다. 술은 그렇게 내 인생에서 뗄 수 없는 친구와도 같았다. 하지만 변하는 것은 하나도 없었다. 오히려 마음만 더 약해지고 있었다. 마음 하나로 해낼 수 있다는 것이 많다는 것을 이제는 안다. 마음은 눈에 보이지 않는다. 아무도 내가 무슨 생각을 하고 있는지 모른다. 그리고 내 생각을 누가 알려고 하지도 않는다. 그저 마음은 가만히 있으면 되는 거였다. 우리는 가끔 우리의 생각을 SNS로 표현한다. 그 표현이 진짜인지, 가짜인지, 자랑인지는 모른다. 그것을 보면서 해석하는 각자의 마음에 달린 것이다. 마음은 그렇게 제각각 자기 멋대로 움직이고 생각으로 전달한다. 그런 마음을 어느 한 방향으로 쏠리지 않도록 곧게 가져가는 것이 중요하다. 그렇지 않으면 그 수많은 정보와 관계 속에서 우리는 방향을 잃을 수도 있기 때문이다.

나는 몇 해 전 소송에 휘말린 적이 있었다. 한참 제주에서 한 달 살기 숙소로 잘나가던 시절이다. 나는 당연히 해야 할 행동을 했을 뿐이었다. 잘못된 생각이라고는 조금도 하지 않았다. 사람을 믿었기 때문이다. 살면서 누군가에게 해를 끼친 적도 없고 빚져 본 적도 없다. 늘 내가 손해 보면 그만이지라는 생각으로 살았지만, 인생은 내 생각대로만 흘러가지는 않았다. 그때 마음만 올곧게 가지고 있었더라면 하고 있던 사업을 접을 생각까지 안 했을지도 모른다. 마음은 나를 한없이 두렵고 약하게 만들었다. 그럴 필요가 없었다. 당당히 맞서 싸웠어야 했다. 내가 못 한 거면 못 한 대로, 잘한 거면 잘한 대로 마음에 휘둘리지 않으며 내 할 일을 해야 했다. 나는 내 일을 정말 좋아했고 그때가 가장 행복했던 시간이었다. 무너진 마음을 일으켜 세울 힘이 없었기 때문에 나는 좋아하는 일을 포기 해야 했고 스스로 행복했던 일을 잘라 버렸다. 모두가 마음이 시킨 일이다.

누군가를 위해 도움을 줬다고 생각한 것이 전혀 다른 엉뚱한 곳에서 불꽃이 튀어 나에게로 온 것이었다. 나는 1년을 넘게 괴로운 마음을 가지고 살면서 숙소에 대한 정을 모두 떼기 시작했고 아무것도 하기 싫어졌다. 그런 마음이 생겼다는 것은 두려움이 나를 이겼다는 증거였다. 마음이란 것은 아무것도 아니었다. 나에게 일어나는 일은 아무것도 없었다. 흔히 마음고생이라고 하지만 마음이 고생한다는 말은 스스로가 고생을 만든다는 표현을 하는 게 맞는 것 같다. 나 스스로 마음고생을 하고 있었다. 마음은 고생하는 게 아니다. 마음은 보이지 않아서 고생을 만들 필요가 없었다. 그때 내가 소송이라는 굴레를 떠나 지금 현재 소중한 것이 무엇인지를 인지했다면 더 굳건해졌을지도 모른다.

더 승승장구해서 제주에서 잘 나가는 사업가로 번창해 살고 있었을지 모른다. 위기가 왔을 때 기회였음을 눈치챘어야 했다. 모든 것을 자포자기하듯 다 떨쳐버리면서 손해는 손해대로 나고 수입은 점점 줄어들고 있었다. 소송이 끝나고 다시 불타오르기 시작했던 펜션사업은 코로나19로 인해 또다시 겁을 먹고 뒷걸음질 치고 있었다. 그때까지도 나는 도망가는 법만 알았다. 코로나19로 인해 잠시 제주 숙소사업이 침체기였지만 조금 지나고 보니 위기가 아니라 기회였음을 늦게 알게 되었다. 해외로 떠날 수 없었던 국내 여행은 제주로 몰리기 시작했고 숙소는 빈자리가 없을 만큼 성황을 이뤘기 때문이다. 이미 나는 모든 것을 빨리 정리했기 때문에 그 상황의 물결을 탈 새도 없이 다른 일을 찾기에 바빴다. 마음은 그렇게 늘 도망칠 준비만 하고 있었다는 것을 알지 못했다.

도망치려는 악마가 내 마음에 들어왔을 때는 그것과 싸워야 하는 법을 그때는 몰랐다. 마음고생을 수년간 경험을 통해 겪다 보니 내 마음이 엄청 단단해졌음을 알게 되었다. 이제는 무엇이 닥쳐도 받아들일 준비가 되어 있다. 오래된 나무가 바람에 강해지고 뿌리가 깊어지는 이유가 그 수많은 견딤을 이겨냈기 때문이다.

이제야 깨닫게 된 마음 굳히기는 더욱 단단해졌고 바람이 불어도 까딱하지 않는 곧은 심지가 되었다. 당신도 지금 무엇 때문에 힘들어하고 있다면 당장에 소중한 것이 무엇인지를 빨리 깨달아야 한다. 지금 그 소중함을 놓치면 다시 기회는 잡기 어려워지기 때문이다. 나는 모든 것을 놓치고 결국 돌아온 곳이 서울이라는 회사였다. 회사의 끈을 잡아야 했고 기회라고 생각했다. 회사를 다시 다니고 있는 지금은 마음이 알아서 모든 것을 안정시켜준다. 기쁜 마음으로 내 일을 즐기고, 즐거운 마음으로 사람들과의 관계를 유지하며 행복을 만든다. 행복은 스스로가 만들어나가는 것임을 알기에 항상 긍정적인 자세로 행동하고 밝게 웃는다. 우중충한 표정과 마음은 힘든 결실만 나을 뿐이다. 누군가에게 상처를 받든, 회사에서의 위치가 어떻든지 나는 내 자리에서 내 일을 잘 해내면 된다. 힘들고 귀찮은 일도 내가 다하면 스트레스받을 일도 없다.

　　귀찮다고 생각되는 일도 즐거운 마음으로 하면 다 할 수 있는 일이다. 지금 내게 소중한 것은 회사에 다니는 일이기 때문이다. 회사에 다니는 것이 싫어서 떠난 제주였지만 다시 돌아온 회사는 나에게 기회를 준 것이다. 내가 원했고 바래던 곳이었다. 신기할 정도로 꿈속에서 만났던 회사를 다시 오게 될 줄이야. 꿈에서는 알았나 보다(내 잠재의식 속에서는 어쩌면 다시 회사에 다녀야겠다는 생각을 하고 있었는지도 모른다. 회사를 다시 다니는 꿈을 자주 꾸었다. 꿈에서 깨어나면 제주에 있는 현실이 두렵기까지 했었다. 어쩌면 간절히 원했기 때문에 꿈에서라도 회사에 다녔는지 모른다). 자신의 미래를, 지금 당신에게 소중한 것이 무엇인지 둘러보자. 어느 날 소중한 걸 잃어버리고 후회하는 일이 생길 수도 있기 때문이다. 지나고 나서 깨닫지 말고 미리 알아서 챙긴다면 그 소중함으로 더 나은 삶을 이어갈 수 있을 것이다. 마음은 아무것도 아니다. 마음은 내 안에 나만 아는 비밀 같은 것이다. 마음은 스스로 위로하며 얼마든지 건강한 마음 근육을 단련할 수 있다.

책을 읽는 것과 운동을 하는 것만큼 마음 근육을 단련하는 데 도움이 되는 것은 없다. 이 책에서 자주 언급하는 이야기다. 미니멀 라이프는 물건 정리도 중요하지만, 책을 읽고 운동하며 마음을 청소하는 습관을 가지는 것도 중요한 하나의 요소임을 잊지 말자. '지금 알고 있는 것을 그때도 알았더라면' 아직 그때의 상태인 당신에게는 시행착오가 덜 되길 바라는 마음에서 마음이 시키는 삶의 방향이 얼마나 크게 움직이게 되는지를 알기 바랄 뿐이다. 지금의 당신에게 필요한 것은 마음으로 인생을 변화시키는 일이다. 소중한 것이 무엇인지 꼭 한 번 살펴보길 바란다.

지금 나에게 소중한 물건 10개를 적어보자

아무리 비우고 버린다 해도 못 버리는 것이 있다. 그 못 버리는 것에 관해 이야기해보려고 한다. 20년 전 내가 모든 물건을 다 버리고 유일하게 남은 한 가지가 있었다. 바로 음악 CD였다. 그것만큼은 버리지 못했다. 샹송을 좋아했던 나는 대부분이 샹송 CD였고 음악을 너무도 사랑했기 때문이다. 커피는 없이 살아도 음악만큼은 버릴 수 없었기 때문이다. 그렇게 오랫동안 모아 왔던 음악 CD는 나의 보물 1호였고 지금도 마찬가지다. 그것 말고는 다 버린 셈이다. CD는 다시 구할 수 없는 것들이 많기도 하지만 한두 개가 아니고 수백여 장 있다 보니 더욱 처리하기가 곤란했었는지도 모른다. 정리 시도를 한 번 해봤지만, 샹송 CD만큼은 어려웠다. 지금도 여전히 나의 보물 1호로 30년을 버텨오고 있는 물건이다. 듣지 않는

가요나 팝송은 정리를 많이 했다.

두 번째로 소중한 물건은 없다. 정말 단순하지 않은가? 2개도 못 쓰고 끝나버리면 너무 아쉽지만 가지고 있는 것 중에 아끼는 물건은 없다. 사실 다 버리고 어딜 떠나도 후회 없을 만큼 짐을 정리했다. 아까울 것도 없고 싸서 무덤까지 갖고 들어가고 싶은 물건도 없다. 무덤까지 가지고 가고픈 물건이 있는지 둘러보자. 그런 것들은 소중하다고 느낄 수 있는 물건이다. 그래도 죽으면 다 놓고 가야 한다. 빈손으로 가야 하는 것이 지구의 법칙이다.

곰곰이 생각해보자. 두 번째로 소중하게 여기는 것은 나의 아이맥이다. 아이맥을 비롯한 맥북프로, 맥북에서, 아이패드, 아이폰 등 내게는 없어서는 안 될 소중하면서도 필수품이다. 이것들은 없으면 내 생활에 지장을 주는 것들이다. 아이맥은 재택근무로 활용하고 있다. 맥북프로는 음악 듣기로 활용한다. 아이패드는 간단한 드로잉이나 캘리그라피를 할 때 사용하고 요즘에는 전자책으로 많이 보기 때문에 아이패드는 없어서는 안 될 내 귀중품이 되었다. 아이폰은 두말하면 잔소리다. 애플을 좋아하기 시작한 것은 1995년부터다. 잡지디자인을 하고 싶었던 나는 맥 편집프로그램을 배웠다. 그렇게 시작한 맥디자인은 지금까지 내가 하는 그래픽디자이너의 길을 갈 수 있게 해준 고마운 존재다. 지금은 고인이 된 스티브

잡스에게 감사의 말을 전하고 싶다.

세 번째는 카메라다. 예전에는 각종 브랜드의 DSLR을 모두 사용했다. 아마 카메라 바디와 렌즈만 새로 사고 바꾼 것만 해도 100개는 되지 않았을까. 필름카메라부터 다양한 브랜드, 다양한 렌즈 등은 변덕스러운 나의 만족을 위해 많이도 갈아치웠던 것 같다. 빨간 로고 하나만으로도 폼이 나는, 여전히 나에게는 설레는 라이카까지 안 가져본 것이 없기 때문에 지금도 미련이 없다. 제주로 이주해 온 이후 카메라는 무겁기도 하고 사진도 예전만큼 찍으러 다니지 않아 일찌감치 정리했다. 지금은 미러리스 카메라 작은 것 하나를 가지고 있다. 이 카메라는 내 카메라 역사상 가장 오래 가지고 있는 카메라다. 8년 정도 되었을까? 대부분이 1년 이상을 들고 있지를 않았는데 기록적이다. 카메라 스펙이 특별히 많이 좋아졌어도 찍는 것은 다 똑같다고 생각하기 때문에 바꾸고 싶다는 생각이 들지 않았다. 하지만 갖고 싶은 것이 하나 생겼다. 라이카 Q3다. 넘사벽 가격이지만 진정 간절히 원했다면 벌써 내 손에 쥐어져 있을 것이다. 하지만 그런 마음이 생기지 않는다. 물욕이라는 것이 채워지면 금세 사라진다는 것을 알기 때문이다. 이 라이카 카메라를 내 손에 쥐게 된다면 CD를 제치고 보물 1호가 되지 않을까 생각해본다. 라이카 Q3를 그래도 기대해보자.

네 번째는 정말 소소하지만, 못 버리는 것 하나가 있다. 취미생활 하며 해외구매로 구입했던 종이감기공예 재료인 바로 종이다. 3밀리 띠지의 종이 세트다. 컬러가 예뻐서 샀는데 포장을 뜯기도 아까워 몇 년을 보관만 하다가 1년 전부터 가끔 뜯어서 종이를 감고 있다. 수십 가지의 컬러 종이가 예쁘다는 이유로 보관 중이다. 국내에서는 만나기 힘든 컬러의 종이들이다. 컬러 기술은 국내 질은 많이 떨어지는 편인 것 같다. 아마도 단가를 맞추기 위해 고가의 잉크를 사용하지 않는 이유일지도 모른다. 자리도 많이 차지하고 있지 않아 그냥 소장하는 것 중에 하나로 남겨뒀다. 종이 띠지의 공예 이름은 퀼링아트페이퍼라 부른다. 가끔 카드를 만들거나 액자를 만들고 싶을 때 꼼지락거리면서 꽃송이를 만들고는 한다.

다섯 번째는 조명이다. 조명을 좋아하는 편이다. 상하좌우 사방으로 돌아가는 벽걸이 할로겐 조명이 하나 있다. 벽에 못을 박아야 하지만 필요한 곳에 붙여 사용할 수 있어 오래 가지고 있는 소장품 중에 하나다. 제주에 가기 전에 사 온 물건이니 벌써 10년이나 되었다. 이만하면 정말 내 소중한 물건이라 할 수 있다.

최근에 루이스폴센이라는 명품브랜드의 조명을 발견한 이후로 그 조명에 잠시 꽂혔었다. 탁상용 디자인으로 나온 에디션인데 디자인이 예뻐서 갖고 싶은 목록에 넣어두었다. 이렇게 목록에만 넣어두고 기다리다 보면 언젠간 필요 없는 물건이 되어버린다. 나에게 그런 조명이 꼭 필요한 걸까? 의심되면서 말이다. 어느 날에는 분명 잊고 살 때가 온다. 지금은 몇만 원짜리 탁상용 스탠드 하나로 아주 만족하며 지내고 있다.

여섯 번째는 디지털사진이다. 컴퓨터 속 파일도 미니멀하게 정리해야 하는 데 가장 못하는 것 중에 하나다. 사진 찍는 것을 취미로 했었기에 그 많은 사진은 그대로 외장하드에 보관되어 있다. 지금은 클라우드로 저장을 많이 하는 시대이지만 예전에는 외장하드를 사서 계속 쌓아둬야 했다. 그렇게 몇 개의 외장하드를 가지고 있다. 어쩌면 상송 CD보다 더 최고로 꼽아야 할 보물일지도 모른다는 생각을 해본다. 우선순위를 매긴다는 게 참 어렵다. 사진은 추억이다. 과거는 지나갔지만 그 당시의 느낌과 감정을 살려줄 수 있는 유일한 매개체다. 사진으로 에세이를 써보는 것이 원래 첫 번째 책 쓰기 목표였다. 반드시 사진 에세이를 써보려고 한다.

일곱 번째는 자동차 미니쿠퍼다. 예전에도 미니쿠퍼를 타고 다녔다. 미니가 좋은 이유는 단단하기 때문이다. 묵직한 문짝과 무거운 핸들이다. 커다란 타이어와 무엇보다도 컬러가 다양하게 있어 좋다. 자동차는 블랙과 화이트를 선호하지 않는다. 무조건 컬러가 있어야 한다. 아직도 미니쿠퍼를 좋아한다. 서울에서는 차가 필요하지 않기 때문에 없어도 불편함이 없지만, 그렇다고 제주에서 미니쿠퍼를 타고 다니기에는 불편한 도로들이 많다. 지금은 SUV 중고차를 타고 다니는 것이 가장 편하고 좋다. 서울에서 차가 필요하게 된다면 단연 미니쿠퍼를 탈 계획이다. 하지만 대중교통이 잘되어 있는 곳이라 굳이 차가 필요하지는 않다. 가끔 서울 근교나 멀리 지방을 여행할 때 있으면 좋겠다는 생각을 할 뿐이다.

여덟 번째는 스피커다. 음악을 좋아해서 오디오에 관심이 많았던 나는 스피커에 꾸준한 관심을 가지며 카메라처럼 자주 바꾸곤 했던 물건이다. CD플레이어도 아직 한 개 가지고 있고 에어플레이어 기능이 있는 리브라톤 라이브 스피커를 가지고 있다. 한때 TV 속 드라마에 나와 인테리어 스피커로 인기가 있던 물건이다. 요즘 나오는 작은 블루투스 스피커처럼 생기지 않았고 좀 크고 삼각형 모양으로 특이하게 생겼다. 이 스피커도 한 번 정리당할 뻔했지만 이만한 가격대에 이런 사운드의 스피커를 아직까지 찾지 못했다.

최근에 드비알레라는 브랜드의 제품을 만났다. 루이스폴센처럼 스피커 계의 명품이다. 사운드도 끝내주지만, 디자인도 한몫하는 브랜드다. 작지만 사운드가 좋은 만큼 무게는 꽤 나가는 편이다. 지금 내 마음은 벌써 그 스피커로 듣고 있다. 언젠가는 내 손에 들어오길 기대해보지만, 이것 또한 내가 간절히 원했다면 이미 손에 쥐어졌을 스피커다. 하지만 뭔가를 소유하는 것은 마음의 짐만 더 할 뿐이라는 생각이다. 이것 또한 처음 발견했을 때보다 많이 마음에서 멀어졌다. 이렇게 시간이 지나면 물건은 조금씩 마음에서 멀어져 간다. 소유하고 싶다는 그 순간만 잘 이겨내면 된다. 결국은 모든 물건은 다 시들해지기 마련이다.

아홉 번째는 커피 그라인더다. 카페를 정리하면서 머신을 비롯해 모든 것을 정리했지만 유일하게 그라인더를 남겼다. 커피를 좋아하는 나는 로스팅하는 방법까지 배웠다. 커피 종류마다 그 맛을 좀 익히게 되었고 커피 맛을 제대로 알게 되었다. 그 이후로는 원두를 직접 선별해서 블렌딩을 해왔었고 지금은 맛있는 원두를 사서 직접 내려 마시는 것을 좋아한다. 드립으로 내려 마시는 커피를 선호한다. 간편하게 먹을 수 있는 캡슐도 먹어 봤지만 역시 커피는 내가 고른 원두를 직접 갈아서 마시는 커피가 가장 맛있다. 맛없는 커피를 마시는 것도 곤혹스럽다. 특히나 귀찮을 때는 인스턴트 커피를 마시는데 정말 가장 맛없는 커피를 마시는 순간이다. 그래서 커피 그라인더는 소중한 물건 중 하나가 되었다.

열 번째는 두고두고 읽고 싶은 책 몇 권이 있다. 인생의 지침서가 되는 그 책들은 내 소중한 자산이 되었다. 버리기 시작하면서 가장 먼저 치워버리고 싶었던 것은 아이러니하게도 책이었다. 그런데 지금 나는 좋은 책은 사 모은다. 책을 많이 읽는 것보다 중요한 것은 좋은 책을 반복해서 읽는 것이다. 그것만큼 인생에서 즐거움을 주는 일이 없다. 책 속에는 내 마음을 위로해주는 글들이 많다. 나에게 용기를 주고 희망을 준다. 포기하지 않게 해주고 인내와 끈기를 심어준다. 그래서 그런 책들은 평생을 곁에 두고 싶다.

이렇게 자신이 소중하게 여기는 물건이나 소장하고 싶은 욕구가 있는 것들을 나열해보자. 생각보다 중요한 것이 많지 않다는 걸 깨닫게 될 것이다. 그렇게 따지면 버리고 싶은 욕구도 생겨날 것이고 갖고 싶지 않은 물건들도 생겨날 것이다. 아무리 소중한 물건이라도 죽을 때는 모두 놓고 가야 한다. 죽음은 우리에게 언제 어느 시간에 닥쳐올지 모른다. 내 몸이 죽어 없어지면 그 물건들이 무슨 소용이 있겠는가. 놓아야 할 줄도 알아야 삶이 가벼워지고 마음도 편안해진다. 더 욕심을 버리고 내려놓는 연습을 해보자. 나 또한 욕심을 가지지 않기 위해 책을 읽고 글을 쓴다. 물건이 주는 행복은 오래 가지 않는다. 그래서 반복을 몇 번 하다 보면 소유하는 것만이 최고가 아니라는 것을 깨닫게 될 것이다. 좀 더 비우고 덜어내어 편안한 삶, 행복한 삶을 꿈꿔보자.

내가 심플하게 사는 이유

　아침에 눈을 떠 자리에서 일어나 이불을 가지런히 정리한다. 2층에 방이 있고 1층에 주방이 있다. 특별히 할 일이 있는 것은 아니지만 주방에 내려가 어제 설거지해놓은 식기류들을 가장 먼저 정리한다. 하루의 시작은 정리가 먼저다. 전기 포트에 커피 물을 올려놓고 눈에 걸리는 것들을 치우는 것부터 나의 일과는 시작된다. 언제부턴가 정리벽이 생긴 것이다. 그렇다고 깔끔한 체하는 사람도 아니다. 주변이 정리되어야 마음이 안정되고 해야 할 일들을 시작할 수가 있다. 회사에도 책상 정리가 완벽하게 되어 있어야 일에 집중할 수 있다. 언제부터인지 모르지만 일에 몰두하기 위해서는 정리를 해야만 했다. 정리를 안 하며 살 수 있는 가장 좋은 방법은 심플하게 사는 것이다. 정리할 것을 만들지 않으면 된다.

하지만 우리가 살면서 아무것도 없이 살 수는 없는 일이다. 나는 늘 텅 빈 방을 꿈꾼다. 아무것도 없는 마룻바닥이 깔린 방을 상상한다. 그곳에는 아무것도 없어야 한다. 어두운 방을 밝힐 수 있는 초 하나 있으면 족하다. 늘 상상은 그렇게 심플하다. 하지만 현실은 그렇지 못하다. 아무것도 하지 않으면 아무것도 필요없지만 먹어야 하고 일해야 한다. 필요한 몇 가지는 가지고 있어야 한다.

2층 방에는 침대와 책상이 놓여 있다. 서재가 별도로 있지 않아 침실을 분리해 한쪽으로 재택근무 환경을 만들어 사용하고 있다. 책상 위에는 업무에 필요한 아이맥 컴퓨터가 한 대 있다. 그리고 좋아하는 커피를 마시기 위해 전기 포트와 원두가 놓여 있고 좋아하는 머그잔이 하나 있다. 그리고 옷가지 몇 개가 전부다. 하지만 짐이 이것만 있는 것은 아니다. 제주 와서 낭만적 글램핑을 꿈꿨던 컨테이너 하우스는 아직도 나의 소중한 자산으로 남아 있다. 퇴직금으로 예쁜 컨테이너 하우스를 두 개 가졌던 것이 아직도 나에겐 소중한 물건이다. 물건이라 하기에는 너무 커서 한 번 옮기기도 쉽지 않다. 게다가 중고로 판매하기에는 덩치가 너무 크다. 소중히 여기기 때문에 늘 깨끗이 가꾸고 이용한다.

컨테이너 하우스는 내가 제주로 내려갈 때마다 쉬는 곳이다. 그곳에서 음악을 듣기도 하고 노래도 불러본다. 날씨가 좋으면 접이

문을 활짝 열고 따뜻한 햇볕을 맞기도 한다. 봄부터 가을까지는 명상도 하고 잠자는 시간과 재택근무 시간 외에 주로 이용하는 공간이다. 그래서 버리지를 못한다. 버린다는 표현은 그렇지만 매매하지 못하는 큰 물건이다.

컨테이너 하우스에는 취미로 모은 음악 CD와 조금의 책이 있다. 책은 어느 정도 모이면 중고로 판매하는 식이다. 요즘은 주로 전자책 보는 걸 즐겨한다. 정리하지 않아도 되고 언제 어디서든 꺼내 볼 수 있기 때문에 편리하다. 그리고 가끔 지인들이 찾아오면 손님방으로도 내준다. 주로 여름 성수기 때 빌려주고 있다.

심플하게 살면 여가가 늘어난다. 숙소를 운영할 때는 주로 청소하고 빨래하는 시간으로 많이 보냈다. 돈을 벌어야 하는 일이기 때문에 즐겁게 했고 행복한 시간이었다. 지금도 제주에서는 남편이 혼자 숙소 일을 맡아서 하고 있다. 작은방이 몇 개 되지 않지만, 주말에 내려갈 때면 빨래를 도와주고 있다. 그 외 특별히 집안일을 신경 쓸 일이 없다.

침실에선 잠만 자고 책상에서 컴퓨터로 일만 하므로 방이 어질러질 일이 거의 없다. 아이들도 없어서 둘만 사는 집에는 정리할 것이 많지 않다. 밥을 먹고 설거지하는 정도가 전부다. 책을 읽을 시간이 많아지고 글을 쓸 시간이 많아졌다. 지금 이 책을 쓰고 있는 시간도 그중 일부분이다. 심플해서 좋은 것은 좋아하는 일에 더 많이 집중할 수 있기 때문이다. 시간이 나면 걷기를 해보자. 걷는 것만큼 건강에 좋은 것은 없다고 한다. 우리가 사는 이유는 대부분 건강하게 오래 살기 위함이 아닌가? 병들지 않고 건강함을 유지하기 위해서라도 걷기를 많이 하는 것이 좋다.

두말하면 잔소리겠지만 서울에 다시 올라와 회사를 다니다 보니 오히려 제주보다 서울이 걷기가 더 좋다는 것을 알게 되었다. 이상하다고 생각하겠지만 내가 사는 제주집은 시골이다. 겨울에 어둠이 일찍 내리고 나면 동네는 칠흑같이 어둡다. 골목에는 가로등도 없어 어두컴컴하다. 새벽도 마찬가지다. 어디서 들개가 나타날 수가 있어 좀 무서운 편이다. 마을 안에 있으면 그나마 나을지도 모르겠지만, 마을에서 좀 떨어져 있다. 낮에도 동네에서 걷기에는 주변이 마땅치가 않다. 좋은 길을 걷기 위해선 차를 타고 이동해야 하는 불편함이 있어, 마음 먹고 나서지 않으면 제대로 걷기도 쉽지 않다. 물론 남편과 함께 걸으면 좋겠지만 함께 걸을 시간이 잘 주어지지 않는다. 제주에서 좋은 길 나쁜 길이 따로 있냐고 물을 테지만 길이라고 다 좋은 길은 아니다. 차만 다닐 수 있는 도로가 있지만, 밭길로 이어진 길도 있다. 비라도 내린 이후라면 도랑을 건너야 하는 상황도 맞닥뜨린다.

술을 마시지 않기로 작정한 이후부터 나의 시간은 더 여유로워졌다. 퇴근 시간이면 여기저기 기웃거리던 나의 나쁜 버릇은 책 읽기와 함께 사라졌다. 심플하게 살기로 마음먹으면 안 좋은 습관도 고쳐진다. 먹는 식습관도 바뀌었다. 술을 안 먹게 되니 자연스레 많이 먹는 습관이 사라졌다. 그동안 술 때문에 살이 쪘다는 것을 톡톡히 경험으로 체험하고 있다. 술을 안 마시기 시작하자 먹는 양이 줄었고 식탐이 없어졌다. 소식하면서 살은 점점 더 빠졌다. 불필요한 만남도 사라졌고 온전히 나를 위한 시간이 많아졌다. 심플하게 살면 마음의 욕심을 더 내려놓을 수 있다. 사람들과의 관계를 애써 지속시켜야 하는 끊임없는 노력을 하지 않아도 된다. 신경 쓸 필요도 없고 나에게 신경 쓰지 않는다고 해서 서운하거나 야속하지도 않다. 진정한 나를 위한 사람들은 저절로 구분된다.

사는 동안 나는 정을 많이 못 받고 자란 탓일까. 사람들에게 정을 많이 주며 살았던 것 같다. 내 속이 그 안에서 많이 곪아가고 있었다는 걸 몰랐다. 마음을 비우기 시작하면서 모든 것이 편안해졌다. 나만 너무 애태우며 별것 아닌 일까지 신경 쓰느라 시간만 허비하며 살았던 날들을 되돌아본다. 마음이 약했다. 멘탈은 늘 흔들렸고 그 흔들림 속에서 내 약한 마음을 늘 다독거리느라 힘들게 살았다. 마음도 싹 비우고 나니 세상 날아갈 듯 편안해졌다. 복잡한 마음을 갖지 말자. 복잡할수록 자신만 힘들다. 사람들과의 관계는 잘하든 못하든 절반만 유지하면 된다. 아니 그것조차 유지할 필요 없다. 비운 마음속에는 새로운 사람들이 들어올 자리가 마련되어 있기 때문이다. 세상에는 많은 사람이 있다. 많은 사람을 만나고 그속에서 최고의 멘토들도 만나보자. 그리고 나도 누군가의 멘토가될 수 있도록 더 노력하며 사는 것이 내가 심플하게 사는 이유다.

선한 영향력을 끼치는 사람이 되고 싶다고 누군가는 말한다. 많은 사람에게 영향력을 끼치는 사람이라는 것이 그리 대단할 필요는 없다. 진솔한 마음이 통하면 되는 것이다. 때로는 나도 내 마음을 속일 때가 있다. 마음은 옳은 길로 가라고 움직이지만, 머리는 자꾸 그 방향이 아니라며 되묻는다. 정답은 없다. 어떤 길이 옳은 길인지 아닌지는 내가 어떻게 생각하고 행동하느냐에 따라 달라진다. 심플하게 생각할수록, 해답은 점점 눈앞에 잘 나타날 것이다.

심플하게 더 소중한 것에만 집중하라

심플하게 더 소중한 것에만 집중하라는 것은 무얼까? 우리는 온종일 소중하지도 중요하지도 않은 일에 많은 시간을 쓰고 돈을 쓴다. 시간을 어떻게 보내고 있는지 가끔 생각해볼 필요가 있다. 나는 요즘 통 시간이 부족하다. 하고 싶은 것은 많은데 주어진 시간에 다 할 수가 없다. 왜 이렇게 사는가. 문득 자신을 돌아보게 되었다. 내가 지금 어디에 집중하며 살고 있는지. 하지 않아도 될 걱정과 불필요하게 시간을 낭비하면서 바쁘다는 핑계로 하루하루를 보내고 있다는 생각이 들었다.

TV를 끊은 지도 1년이 다 되어 간다. 다이어트는 17kg까지 감량하는 기록을 세웠고, 낮에는 회사 복지로 이용할 수 있는 피트니스

센터에서 점심 약속이 없는 날에는 매일 요가를 한다. 요요현상을 만들지 않기 위해, 또 먹는 데 시간을 들이지 않기 위해 소식을 시작한 지도 1년이 넘었다. 서울에 있는 주말에는 하루 만 보 이상을 걷기 위해 한강공원을 나선다. 그 좋아하던 술도 마시지 않는다. 술 먹는 시간이 아깝게 느껴진 것은 오십 살이 넘어서야 깨달았다. 새벽에 일어나 불어 강의를 듣고 5분 감사 일기를 쓴다. 매일 아침 출근하면 한 시간씩 책을 본다. 퇴근 후에는 일찍 집에 와서 간단히 식사 후 블로그에 일상 글을 올리고 일기를 쓴다. 가끔은 브런치 스토리에 글을 올리기도 한다. 언제까지 다닐지 모르는 회사만 고집하며 살 수 없기 때문에 항상 창업에 관심을 두고 잠들기 전까지는 자기계발과 독서로 마무리한다.

누가 보면 매우 부지런하면서 긍정적인 삶을 살아간다고 볼 수 있다. 하지만 정작 소중한 것이 무엇인지 모른다. 내가 어디에 집중하고 있는지조차 모르고 살고 있다는 생각이 종착지에 다다랐다. 과연 이렇게 사는 삶의 끝은 무엇일까. 이런 루틴이 나에게 주는 평온과 깨우침은 무엇일까. 책을 쓰는 작가가 되기 위해 시작된 나의 습관들은 나쁘지 않다고 생각했지만, 반드시 그것이 정답은 아니라는 생각이 들었다. 나는 너무도 많은 곳에 에너지를 분산시키며 살고 있었다. 하루를 어떻게서든 꽉 채운 삶을 살아야 한다는 강박관념으로 1년 가까이 달려왔다. 달라진 것은 많이 있었으나, 과연 나를 위해 잘하고 있는 건지 하루를 되돌아봤다. 완벽하게 살려고 애쓰지 않아도 된다는 사실을 알았다. 하지만 그렇다고 모든 것을 되돌려 놓겠다는 것은 아니다. 나는 내가 들인 습관들에 감사하며 살고 있다.

비우고 정리하는 삶이 건강한 삶과 밝은 에너지를 가지고 온다고 이야기했지만, 정작 그 속에서 찾아야 할 중요한 것들을 잊고 살았다는 생각이 들었다. 비움은 간소하게 산다는 것이고, 심플하게 산다는 것은 몸과 마음을 평온의 상태로 만드는 것이지 이렇게 열심히 살아야 한다는 것은 아니었다. 비움과 정리의 실천 속에 간절함을 담아 행복을 찾고 있었는지도 모른다. 이미 내 앞에 와버린 행복을 간과하면서 말이다. 때로는 행복이 와도 온 줄 모르고 계속 다른 행복을 찾고 있을 때가 있다. 우리는 행복을 찾기 위해 새로운 하루를 맞이한다. 불행을 찾기 위해 하루를 시작하는 사람은 아무도 없을 것이다. 이미 와 있는 행복에 감사하며 기도해보자. 애쓰며 열심히 사는 것보다 편안한 마음으로 주어진 삶에 만족하는 것이 더 감사해야 할지도 모른다.

내가 글을 쓰고 싶었던 것은 이 세상에 태어난 것에 대해 감사하고 싶었기 때문이다. 어렸을 때는 내가 왜 태어났을까에 대한 고민도 참 많았다. 나만 힘들게 사는 것이 아니라 너도나도 다 힘들게 살고 있어 나 또한 외롭지 않다는 것에 감사했다. 사는 동안 힘겹게 지내왔다고 생각했지만 되돌아보니 모든 것이 다 내가 여기까지 올 수 있었던 이야기를 만들어 준 것에 감사하게 되었다. 학창시절 일기 쓰기를 좋아했고 에세이 작가가 되는 것이 꿈이었던 나는 다른 삶을 줄곧 살았지만 지금도 늦지 않았다고 생각했다. 미니멀 라이프를 꿈꾸며 살다가 삶은 또다시 맥시멀 라이프로 흘렀다. 삶의 방향이 원하는 대로 흐르지 않아 다시 찾은 비움의 시작은 내게 글쓰기를 찾게 해주었다. 제주에서의 삶은 잠시 멈추고 서울에 머물며 나는 책 쓰는 것에 집중했다.

삶에 있어 진정 소중한 것이 무엇인지 생각해보자. 책을 쓰기 위해 한 달을 집중했지만 4개월을 방황했다. 너무 많은 것에 에너지를 분산시켰기 때문에 한 가지에 집중하지 못했다는 것을 이제야 깨달았다. 중요하다고 생각하는 딱 한 가지 그 한 가지만을 위해 우선순위를 두어야 한다는 것을 알았다. 비움만이 중요한 것이 아니라 에너지를 쏟는 한 가지에 집중해야 한다는 것 또한 배웠다. 나는 늘 행복을 꿈꿨다. 시련을 두려워했고 포기하는 것이 정답이라 생각했다. 하지만 책을 읽으며 시련과 친구가 되었고 포기하는 대신 '한 번 더의 힘'을 믿기로 했다.

비우고 정리하는 것만이 행복해지는 것이 아니라 중요한 것에 집중하는 것 또한 행복을 가져다준다는 것을 알게 되었다. 행복해지길 싫어하는 사람은 없을 것이다. 행복이라는 단순한 감정을 열광하는 사람도 사실 많지는 않다. 하지만 행복을 느낄 때 우리는 삶이 기쁘고 모든 주변 사람들, 그리고 대자연의 아름다움도 느끼게 된다.

김세중 작가는 《무소유 잠언집》에서 "법정 스님은 행복할 수 있는 비결은 필요한 것을 얼마나 갖고 있는가가 아니라 불필요한 것에서 얼마나 자유로워져 있는가 하는 것이라고 말씀하셨습니다. 또한 위에 견주어 모자라고 아래에 견주면 남는다라는 말이 있듯 행복을 찾는 오묘한 방법은 자신 안에 있는 것이라고 하셨습니다"라고 하면서, "결국, 행복은 자기 안에서의 불필요한 욕심을 버리고 소유의 틀에서 벗어나 정신의 문을 열고 들어가는 것이라고 합니다. 즉, 정신의 문에서 작은 것을 소중히 여기고 만족하는 마음을 느낄 때 비로소 행복을 느낄 수 있다는 점을 강조하셨습니다"라고 적었다.

행복해지기 위해 당신이 행동하는 일이 따로 있는지 물어보고 싶다. 행복은 스스로가 만드는 것이고 그것을 찾는 일 또한 노력하는 자의 몫이라고 생각한다. 나는 오늘도 행복을 꿈꾸며 정리를 하고 청소를 한다. 좋은 에너지를 흐르게 만드는 일, 좋은 에너지로 더 심플하게 소중한 것에 집중하는 일이야말로 우리가 행복을 찾는 멋진 일이 아닐까 싶다.

매일 더 행복해지는 미니멀 라이프

제1판 1쇄 2023년 9월 25일

지은이   최의정
펴낸이   최경선   **펴낸곳**   매경출판(주)
기획제작 ㈜두드림미디어
책임편집 이향선   **디자인**   얼앤똘비악earl_tolbiac@naver.com
마케팅   김성현, 한동우, 구민지

매경출판㈜
등록 2003년 4월 24일(No. 2-3759)
주소 (04557) 서울시 중구 충무로 2(필동1가) 매일경제 별관 2층 매경출판㈜
홈페이지 www.mkbook.co.kr
전화 02)333-3577
이메일 dodreamedia@naver.com(원고 투고 및 출판 관련 문의)
인쇄·제본 ㈜M-print 031)8071-0961
ISBN 979-11-6484-601-6 (03190)